西郷隆盛惜別譜

横田　庄一郎

朔北社

鹿児島市城山町の西郷隆盛像
(昭和12年　安藤照作)

東京上野の西郷隆盛像
(明治31年　高村光雲作)

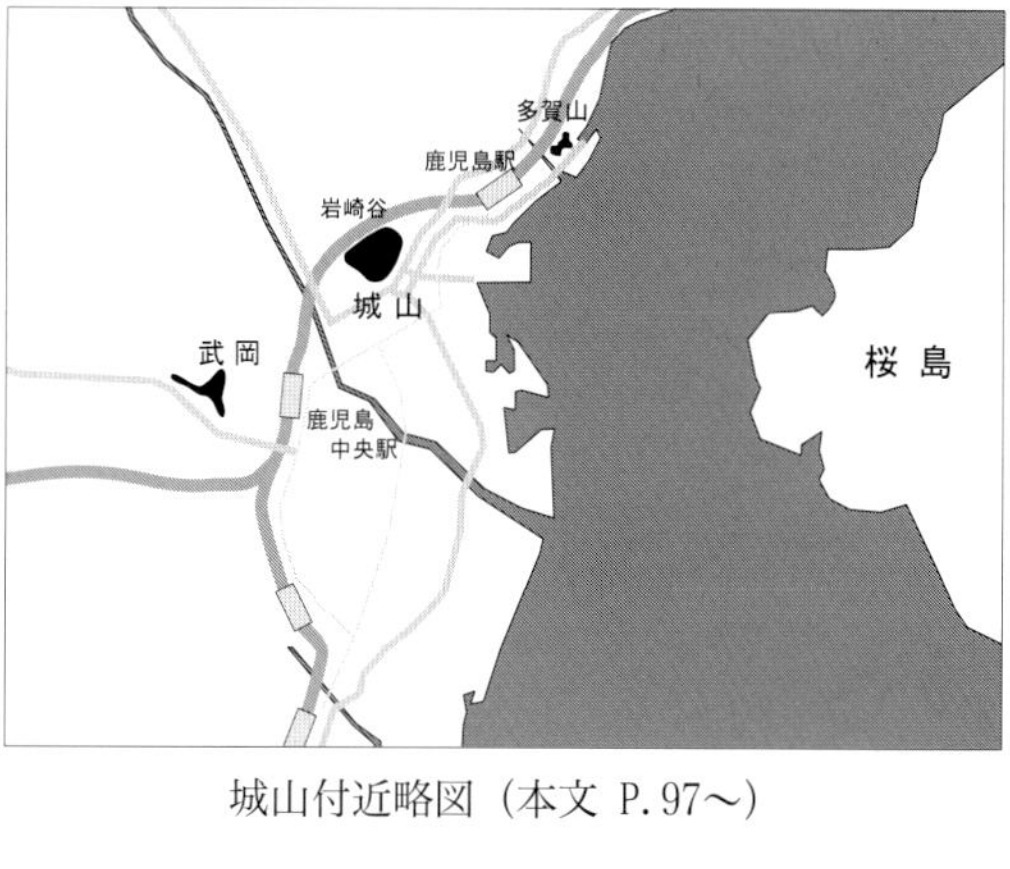

城山付近略図（本文 P.97～）

西郷隆盛 惜別譜

横田庄一郎

西郷隆盛 惜別譜

目次

はじめに

時は明治十年(一八七七年)九月二十三日の夜、場所は鹿児島にある城山である。城山には薩摩軍三百余人が籠もっていた。何万もの官軍は翌朝四時に総攻撃する、と通告してきているから、彼らにとっては最後の夜を迎えている。

この場の主人公は、西郷隆盛である。『西南記伝』が記すところでは、この夜、西郷を囲んで別れの宴が開かれた。薩摩人たちは陽気に酒を酌み交わし、唄って、踊って、座はにぎやかだった。前線では薩摩琵琶を弾く兵士もいた。洋行帰りの村田新八は得意のアコーディオンを持ち歩いていたから、身の回りを処分する前に弾いてみたにちがいない。

にぎやかな宴の潮が引いたころだったのだろうか。どこからか軍楽隊の奏楽が聴こえてきたはずである。日本の軍楽隊は薩摩藩の仲間たちがつくったといってもよく、楽長は中村祐庸である。いまは官軍側となっていて、彼らの姿を城山山中の岩崎谷から見ることはできないが、それほど遠くはない高い所から楽音が舞い降りてくる。

この日は終日雨だったのに、いつの間にか、雨雲は晴れて月が出ている。立ち待ち月であり、中秋の名月から二日過ぎた十七夜は明るい。そのうえに奏楽する軍楽隊の方角からはドーンという大きな音が聞こえ、花火が山の端から顔を出しているではないか。

宴の座で、西郷は何かを語りかけたのだろうか。ユーモアたっぷりな人物だったのに、西南の役ではどこか不機嫌なところが見られた。口数も少なくなっていた。

この日本史最後の内戦が起きる直接のきっかけは、私学校の一党が政府の火薬庫を襲ったことだった。このとき西郷は「しまった」という謎の言葉を残している。

それから七カ月後の、この城山最後の夜が明けた九月二十四日の早朝、最後の言葉を発する。官軍側の弾丸を二発受けて、西郷は「晋どん、晋どん、もうここでよかろう」と声をかけ、介錯役の別府晋介に太い首を差し出した——と巷間伝えられている。

もう一人の、陰の主役は大久保利通であろう。西郷の竹馬の友であり、維新回天の事業を二人で手を携えて成し遂げてきた。それなのに西南の役とはつまるところ、「古今無双の英雄」と「古今未曾有の英雄」と評された二人の大喧嘩だったといってもいい。

西郷の言葉は『西郷南洲遺訓』（岩波文庫）というかたちで、今日のわれわれは接することができる。最も有名なのは「命もいらず、名もいらず」という言葉だろう。だが、この続きは「官位も金もいらぬ人は、仕末に困るもの也」である。なにやら、恬淡としているようで、仕末に困るとは、ずいぶんと人間臭くなるではないか。

この言葉は、さらに続くのである。「此の仕末に困る人ならでは、艱難を共にして國家の大業は成し得られぬなり」。有名な「命もいらず、名もいらず」とは、西郷自身のことだけではなく、自分と同じような人間と艱難を共にしてこそ、国家の大業をすることができる。それを成し遂げた相手とは、まさに大久保のことではないか。

西南の役で官軍と戦った薩軍とは、鹿児島の私学校にほかならない。もとはといえば、西郷や大久保らの維新の功労者に出ていた賞典禄を基金とした学校であった。それが西郷の帰郷とともに私学校になっていくのだが、意外なことながら、大久保自身も西南の役の前年まで賞典禄を差し出していたのである。

その大久保は一方の主役であっても、自ら西南の役の舞台に姿をあらわすことはない。だが、その存在感はまことに大きい。そのくせ、口数はまことに少ない。

必要とあれば、大芝居を打つことにも躊躇しない。薩摩藩にとって都合の悪い幕府の使者の口上に、聾者を装って聞こえないふりを通した。たとえ相手が朝廷であっても、大義に照らして「非義の勅命は勅命に有らず」と迫り、「朝廷是かぎり」と言い放つ。
西南の役の導火線となる火薬庫襲撃や東京から潜入させた警部たちに持ち上がった西郷暗殺容疑の事態に、「此節事端を此事に発せしは誠に朝廷不幸の幸と、ひそかに心中には笑を生じ候くらいにこれ有り候」と伊藤博文に手紙を届けた凄みがある。

この凄みに、薩摩の猛者たちも新政府の軍人たちも手が出せなかった。面と向かって、「なんじゃッチ(何だと)」と大久保にいわれれば、蛇に睨まれた蛙である。

しかし、西郷だけは別である。いつのことだったろうか、西郷が若者たちを連れて大久保のところへ遊びに行ったときの話である。大久保は難しい顔をして、やりかけの仕事を済ますまで、西郷たちを待たせていた。

すると西郷は、あんな難しい顔を色事のときでもしているのだろうか、とからかって、若者たちを笑わせたというエピソードがある。これには、さすがの大久保も苦笑いをしながら、来客の前に出て来ざるを得なかったのである。ちなみに大久保は生前、七男一女の計八人の子だくさんだった。

このような言葉にも、その一端は出ているのだが、西郷はすべてに開放的であり、おおらかな南国人特有の気質があった。いわば体質として、下半身も丸出しのところがあり、そうしたエピソードがいくつも残っている。

そんなことも含めて、西郷は人好きのするタイプだったのである。そして、西郷は犬が好きだった。上野の銅像姿でも一匹連れているように、付きしたがう犬も西郷のイメージに欠かせない。実際、犬は犬好きの人間を見分けてなつくことが知られているが、これは犬ばかりではなくて、人間にもいえることではないだろうか。

よく観察してみると、無邪気な赤ん坊は、誰にでも笑顔を見せているのではない。その人間のどこに惹かれるのか、親でもないのに、あるタイプの人間を見ると、自らほほ笑みかけるのである。小児科医にはそうしたタイプが多く見られることはもちろんだが、けっこう外見は厳しい顔をした人間にも赤ん坊がなつくことがある。

西郷はそういう人間だったにちがいない。彼を見て赤ん坊はほほ笑み、すり寄り、なついたことだろう。彼の周辺にいた人間も、そんなところがあったのではないか。彼らは赤ん坊が成長して大人になっていたのに、本能的に、相手を西郷に限ってのことだろうが、あまり変わるところはなかったのかもしれない。

一方の大久保は人好きがするどころか、もっとも取っつきにくい、冷厳なタイプのように、世間では見られている。濃い渋茶を好み、ヘビースモーカーでもあった。家庭の中ではけっこう子煩悩だったといわれるが、一歩外に出ると表情がまるで鉄面のように崩れない。

他人に憎まれるような仕事をしながら、彼は護衛を付けていなかった。西郷もそうなのだが、この二人には腕力自慢の話はない。それでも、西郷には人斬り半次郎が影のように付きまとう。彼こそは、のちに西南の役の中心人物になる桐野利秋である。

このように対照的なふたりの人柄であっても、大久保と西郷は無二の盟友だった。そんなところに、何ともいえない、人間関係の妙味が感じられるではないか。

まだ若いころの逸話だが、大久保家は父親が遠島になって、食事に困るほど窮乏した。飯どきになると、およそ愛想とは縁のない大久保がぬうっと西郷家にあらわれ、みんなといっしょに黙って飯を食うことがあった。あの顔貌で、家族の一員のように居座って食事をする姿は、想像するだけでも巧まざるおかしみがある。

この一家の〝兄弟たち〟が力を合わせて、後年、幕府をひっくり返し、新政府を打ち立てる大きな力となった。そして、最後は二派に分かれて大喧嘩をしたのであった。成長した彼らの喧嘩の場は、日本という大きな国家の中という悲劇である。

西郷は、鹿児島に不穏の事態を招いたと疑われる原因を東京の大久保に聞いてみるつもりだった。ただし、なぜか陸軍大将として「今般政府へ尋問の廉有之」と出立した。大久保もまた、大喧嘩が始まりそうになったとき、鹿児島に帰って西郷と話をしようとした。

あの大久保の「ひそかに心中には笑を生じ候」の手紙はよく引用される。この部分だけを採って冷徹非情が喧伝されるのだが、実は「西郷においては此一擧に付いて萬不同意縱令一死を以てするも不得止雷同して江藤前原如きの同轍には決して出て申まじく候」と続く。

しかし、ほんとうに大久保の透徹したところは、このあとの「萬々一も是迄の名節碎て終身を誤り候の義之有候得はさりとは残念千萬に候得共実不得止それまでの事に断念仕外無御坐候」と、一本の鋼鉄のような意志が通るところではないのだろうか。

私学校が決起することはあっても、西郷が出てくるとは思ってもみない事態だったのだろう。だが、新政府の屋台骨が抜けるようなことは、許されるものではなかった。大久保は東京の薩摩人の頭目というだけではなく、まだ脆弱な国家の中枢として仕事に打ち込む。その中に西郷の実弟、従道がいたのは何とも皮肉である。

この西郷従道は、山縣有朋陸軍卿が西南の役の参軍となって出征したあとを引き受け、その代理になっていた。彼こそ、政府側の軍政をとり仕切っていた中心人物だった。

その結末は〝二人の兄〟を失うことになり、従道は大泣きに泣いた。遠く鹿児島では隆盛が戦死し、その翌年、東京では大久保が暗殺された。従道は紀尾井町の現場に駆けつけ、無残な大久保の亡骸を乗せた馬車を自宅に送り届けることしかできなかった。

維新の三傑といえば、長州の木戸孝允がいる。病床にあった彼は鹿児島の決起を聞き、「西郷、もうたいがいにせぬか」とうわごとをいい、生涯を閉じていた。

だから、西南の役で官軍を代表する顔となったのは、参軍の山縣有朋陸軍卿であった。薩摩ではなく長州出身だったのだが、損な役回りとは思わなかったのだろうか。何よりも西郷と大久保に比べると、山縣はずいぶん小さな存在にしか映らない。

そして、まるで一幕物の芝居のような城山最後の夜にあって、いかにも芝居じみていると見られている唯一の人物である。山縣は城山総攻撃を決してから、ともに明治新政府にあった西郷に対し、これまでの恩義を謝する手紙を送っている。それほどの世話になっていた。しかし、西郷からの返事はついに来なかった。

軍楽隊の奏楽にしても、山縣が演出したことにちがいない。それは音信不通になっていた西郷に対して、精いっぱいの惜別の意をあらわすためだったのである。

こんな歴史の一場面を題材とするのではあるが、私は、小説も、戯曲も書くつもりはない。それに事実と真実は異なる、というのが私の考え方である。歴史的事実とはあくまで事実であって、何らかの裏付けられる史料がなければならない。証拠となるもの、あるいは、証拠として信じるに足る何かが必要である。

だが、真実はちがう。事実と一体のものであれば問題はない。極端な場合として、事実と異なっていても「私はそう信じている」と思い込んでしまえば、それがその人にとって真実になってしまうところがある。だから、小説や戯曲のように虚構のなかであっても、人間の真実は描くことができるだろう。

実際、西郷に関する読み物は事実を追ったものよりも、その真実に迫ろうとしたものが多いようである。私が気になるのは、特に西郷と大久保の関係について、晩年はわからないことが沢山ある。それを西郷の真実に迫ろうとするあまりに、稀代のリアリストである大久保の側に残された事実さえも無視してしまうか、信用できないとして論じられていることである。たしかに、西郷と大久保の大喧嘩が西南の役の背景にあることは見逃せない。だが、その結果として、この城山最後の夜に起こったことが本書のテーマなのである。

西郷が聴いたであろう惜別の奏楽とは、どのようなものであったのか。音楽を聴くということは、その人の心の動きと向かい合うことになる。西郷の死の数時間前に鳴り響いた奏楽がどのようなものであったかがわかれば、それを奏でた人、聴いた人、それぞれの人の心がいっそう迫ってくることにならないか。

西郷と西南の役については数多くの著作があるが、この奏楽が関わったことについて、知られていることはまことに少ない。そこで私は、「まるで芝居のような」城山の一夜の音の風景を明らかにしてみたい。それは必ずしも史料によって裏付けられない西郷伝説に、新たな効果音楽を付け加える作業かもしれない。だが、この夜の奏楽は、それを裏付ける史料が存在する歴史的事実なのである。

第一章　西郷と大久保と

一、敬天愛人と為政清明

日本史で最も敬愛されている人物といえば、まず、西郷隆盛に指を折らねばならない。東京の上野公園にある犬を連れた着流し姿の銅像——高村光雲による彫刻——は、観光の名所になっている。だから、日本人が「西郷さん」と敬称を付けて思い描くときに、そのイメージの原型はこの姿にあるといってもいい。

たとえ、明治三十一年(一八九八年)十二月八日の除幕式で、初めて亡夫の銅像を見た未亡人糸子が驚きの声を漏らすほど違和感を抱いたとしても、である。

地元鹿児島の銅像は昭和十二年(一九三七年)に建てられた。その陸軍大将の堂々たる軍服姿は時代を映し出しているかのようだが、明治六年(一八七三年)に下総国大和田原で行われた大演習を指揮したときのものだという。

このとき、明治天皇は篠原国幹隊の奮闘ぶりを見て、とくに「篠原を見習うように」との言葉を発し、以来、この地は「習志野原」といわれるようになった。その篠原国幹は、四年後に勃発した西南の役で西郷と運命をともにする。

のちのことになるが、西郷の嫡男寅太郎もまた、習志野とは縁が深い。西南の役が勃発して、出征する父親を十二歳だった寅太郎は追いすがり、帰るようにと声をかけられた。これが親子の別れになった。このとき、奄美大島で生まれた庶子の菊次郎は十七歳になっており、父親とともに従軍したが、負傷して生き残ることになる。

この戦役で父親を失った西郷寅太郎は、その後、明治天皇の計らいでドイツ留学をし、侯爵にも列せられる。第一次世界大戦が始まると、浅草、次いで習志野に設けられたドイツ俘虜収容所の所長になった。しかし、スペイン風邪が大流行していた大正七年(一九一八年)正月、寅太郎は任期半ばにして病に倒れ、帰らぬ人となった。

さて、薩摩藩の一方の雄である大久保利通の銅像も、同じ鹿児島市内にある。しかし、郷里を捨ててでも日本という近代国家の建設を目指した大久保が、銅像ながらも生前の姿で帰郷するのは、彼が構築を目指した国家が崩壊してからのことだった。

すなわち、第二次世界大戦の敗北を待たなければならなかった。それも西南の役から、また自らの没後百年を過ぎた一九七九年（昭和五十四年）になって、彫刻家の中村晋也による高さ九・七メートルの銅像が建てられた。その姿は生地を視野に収める甲突川沿いにあるのだが、生まれ故郷にあっても難しい表情を崩していない。

二人の座右の銘を比べてみるなら、西郷の「敬天愛人」に対し、大久保は「為政清明」である。西郷と大久保が、幕末維新の大立者であることは誰もが認めることだろう。そして、明治以来の近代国家日本は多かれ少なかれ、この二人の影を引きずっている。

いや、竹馬の友であり、長じて無二の盟友となった西郷と大久保は、その後の歴史でも他人の姿を借りて協力し、反発し合ってきたのかもしれない。現代でも、なお、それほどの存在感が二人にはある。

二人の家は下級武士が住んだ加治屋町にあり、近所同士なのである。近くには甲突川が流れ、現在はこのほとりに市立の維新ふるさと館が建てられている。ここに西郷のコートが展示してあり、入場者は誰でも試着することができるだろう。

実のところ、彼の銅像や肖像画はいくつか残っていても、ほんとうの顔がわかっていない。それで、せめては体型についてては、模造品ながらも、このコートを着ることによって実像に迫ることができる。説明板には、実際にコートを着てみて、西郷の大きさを実感してはどうか、というようなことが書いてある。

興味をひかれ、私もそのコートを着てみた。何と、ちょうどいいのである。これは驚いた、西郷さんの体型と同じとは。念のため、私の体型はというと、現代の日本で少し大きめの中肉中背、LLサイズといったところである。そのうえ、腹回りは西郷タイプであることは隠しようがない。

私より一回りも二回りも大きい体格の日本人は、現代なら大勢いる。しかし、西郷は幕末から明治の初期に生きた人間であり、当時の日本人の体格は現在とは比較にならない。かつて「倭」と呼ばれていた日本人は、この字が人偏であっても旁の「委」は矮小などの言葉がすぐ連想されるように、剽悍ではあるが、体躯は大きくないのが特徴だった。

西郷はそんな当時の日本人社会では大きな男というイメージがあり、また体だけではなく、心の窓ともいうべき目玉が大きかった。このことは、彼に接する人間の印象には強く残ったようである。どれも似ていないといわれる彼のいくつかの肖像画も、この目の特徴だけは共通して大きく描かれている。

それでも、この目玉が同時代の人間にどのような印象を与えていたのかは、もうひとつ、よくわからない。ところが、外国人の目で観察されていた。幕末から明治にかけて、得意な日本語を操って活躍したイギリスの外交官アーネスト・サトウは『一外交官の見た明治維新(上)』(坂田精一訳、岩波文庫)第一五章で、こんな描写をしている。

「この人物は甚だ感じが鈍そうで、一向に話をしようとはせず、私もいささか持てあました。しかし、黒ダイヤのように光る大きな目玉をしているが、しゃべるときの微笑には何とも言い知れぬ親しみがあった」。

西郷は黒ダイヤのような大目玉からポロポロと涙をこぼした。情に厚く、涙もろいのである。このサトウの記述からもうかがえるように、西郷という人間の魅力は、日本人だけではなく、外国人をも惹きつける何かがあったようだ。すなわち、身体的な印象もさることながら、いろいろな逸話に彩られている西郷独特の人間性が、また、いっそう大きい男として後世にも伝えられることになる。

それでも、このコートを着るという体験によって、私が持っていた西郷隆盛のイメージが少し崩れてしまうことになった。すなわち、それまで書かれたものを読んだり、巷間伝えられるエピソードを聞いたり、自分勝手に描いていた西郷の姿は、あまりにも肥大化、巨大化していたということである。

西郷について書かれた本は、世間にたくさん出ている。小説も含めてのことなのだが、そこに描かれる大久保利通は冷酷非情、かつ陰険な人物として登場する。

一方、大久保についての研究を読むと、あるいは小説でもいいのだが、どういうわけか、西郷が少し愚鈍に見えてくる。そんな二人のイメージが世間にはないだろうか。

この二人がいなくては、明治維新、明治政府はとうてい成り立たなかったはずなのに、西郷が光なら、大久保は影、また大久保が鋭なら、西郷は鈍というように、あまりにパターン化しすぎている。実際には二人は幼いころから兄弟以上の間柄であって、そのような世間のイメージ通りに対照的な人格ならば、どうして盟友であるのだろう。

後世のわれわれが空気のように感じている歴史のイメージ、すなわち、大久保が冷酷非情に密謀を好んで、西郷が人として誠を尽くすことによってのみ生きたとは、とても割り切れるものではない。少しでも二人をめぐる人間関係を追って見るなら、どんな人間にも光があれば、影もあることに思いが至る。

おそらく、双方がともに誠意を尽くし、密議もこらした、いわゆる清濁合わせ呑む人物だったのであろう。しかも、彼らは独立峰のように一人ひとりではなく、たとえるなら、二子山のように聳えていたにちがいない。ここに「書は人なり」という格言を持ち出すと、二人が遺した墨書は、それぞれの外見の相違や残されたエピソードなど世間のイメージを嘲笑うように、驚くほど似ているではないか。

そんな二人の関係を描いた小説や評論は少なくないが、心底から納得させられることはない。連山としての二人の間に他人が分け入ると、最後には、西郷か、大久保か、どちらかの側へと感情はもちろん、論理的な思考さえ傾いてしまいがちである。

しかし、晩年の二人にはわからないことが多い。ぴたりと合わさったサーモスタットの二種の金属板が、周囲の温度差に対して異なる変化をするように、大久保の外遊後からは二人の関係が微妙になってきたのは事実だろう。

それでもなお、二人の関係は東京と鹿児島に別れてからでも、「西郷か大久保か」ではなく、最後まで「西郷と大久保と」として見たほうが実像に近いように思う。

西郷は、西南の役で戦死した。それから一年もたたぬうちに、大久保は紀尾井町で暗殺されて生涯を閉じる。警備もつけず、暴漢に身をさらして、身を切り刻まれたのである。大久保はこのとき、西郷の手紙を持ち歩いていたという。

ここでも「西郷と大久保と」であり、とうてい二人の巨人には及ばない後継者たちが、「西郷か大久保か」のイメージをつくっていったのではないのか。

二、鮟鱇形とソップ形

人間はその体の大きさがどれほどの意味をもつのか。このことについては議論があって当然である。それでも敢えて述べるなら、肥満型だった西郷隆盛、また胃弱の痩身型だった大久保利通、二人ともに六尺近い長身だったのである。

相撲の言葉を借りるなら、鮟鱇形とソップ形ではないか。外見的なことながら、この両雄は文字通り一頭地抜きん出ていた人物だった。それでいて興味深いことに、いずれも武術が得意だったという話は伝わっていない。

維新の三傑といえば、西郷と大久保のほかにも、長州藩の木戸孝允を挙げなければならない。薩摩藩の二人と異なって、木戸は剣術の達人だった。その身丈も五尺八寸あったというから、現在でも平均身長を超える一七四センチの長身である。当時の日本人から見れば、維新の三傑は見るからに大きかったのである。

そして三傑は、この時代の指導者の知・情・意を体現している。幕末維新を題材とした小説やドラマでは情の西郷と知の木戸がよく登場するが、意の大久保は主役にならずに、かつ目立たない。それだけ一般には理解されず、人間的にも描きにくい人物である。

大隈重信は語る。「大久保は辛抱強い人で、喜怒哀楽を顔色に現わさない。言葉少なく沈黙、常に他人の説を聴いている。『宜かろう。』といったら最後、必ず断行する。決して変更しない。百難を排しても、遂行するというのが特色であった。もともと英雄は辛抱強いものである。その代りに世間からは、陰険だと批評されることもある。大久保なども、往々その批評をこうむったものである」(『大隈重信叢書』第一巻)。要するに「陰気なふう、それに武骨無粋」で、これでは世間に誤解され嫌われるタイプであるにちがいない。

さて、少しく妄想が許されるのなら、こんなイメージが思い浮かぶ――。明治維新以降の日本という国とは、図体こそ大きくなっていったのだが、肝心の指導者たちは彼ら大男たちの仕事を縮小再生産しながら、ここまでやって来たのかもしれない、と。

福沢諭吉は、西南の役直後に西郷の死を悼んで「丁丑公論」を書いている。だが、これを明治三十四年(一九〇一年)になって公表した。そこには、西郷の決起という暴力的な手段はともかくも、政府に対する国民の抵抗精神を認めており、結論はこういうことである。

西郷は天下の人物なり。日本狭しと雖も、国法厳なりと雖も、豈一人を容るゝに余地なからんや。日本は一日の日本に非ず、国法は万代の国法に非ず、他日この人物を用るの時あるべきなり。是亦惜むべし。

ちなみに、同時代の知識人の代表格のような存在だった福沢諭吉も、身長が百七十センチを超す恰幅だった。「先生は白皙長身、一見して皆その偉人たるを知る」という、同時代人の証言がある。その福沢が評した「天下の人物」西郷は歴史上の人物という以上に、いまでも日本人に親しまれている存在である。後世のわれわれにとって、まさに日本は「一日の日本に非ず」であった。東京で「上野の西郷さん」、鹿児島で「西郷どん」と、何やら身近な人物のように感じられる。そして、大物といえば必ず連想される〝代表的日本人〟にもなっているのである。

ただし、西郷に大人物の茫洋としたイメージを描いたとしても、彼自身が若いころから算盤をはじくなど、実務に有能だった側面を見逃してはいけない。のちに続出することになる、西郷の大物イメージに倣っただけの凡庸な阿呆では決してなかった。

その半面、現在に伝えられている逸話や、酒井忠篤らに説いたという『西郷南洲遺訓』(岩波文庫)は、もうひとつ現実味に乏しいことにも触れておきたい。

『遺訓』とは、はたして本人がその通りに語ったものかどうか。あの当時の儒教の素養があれば、だれでも語り得るものではないのか。極言するなら、ほんとうにあったのかどうかもわからない、聖人の世を夢見ているだけの言葉なのである。これは西郷だけの責任だけではなく、現実の施策に具体論が伴わない儒教的性格を超えたものでもない、ということである。

つまり、この種の言葉は解釈によって、如何ようにもなる。『論語』子路第十三には、「葉公、孔子に語げて曰く、吾が黨に直躬といふ者あり、其父羊を攘みて、而して子之を證せりと。孔子曰く、吾が黨之直き者は、是に異なり、父は子の爲に隱す。子は父の爲に隱す。直きこと其の中に在りと」という、葉公と孔子の対話がある。

葉公は楚の国の重臣であり、孔子の晩年に交際があったといわれる。その葉公が孔子に語るには、私のところには直躬という正直者がいて、父が他人の羊をぬすんだことを子が証言する、と。しかし、これを聞いた孔子の主張はまったく異なっていた。「われわれの考える正直とはそうではない。父は子の行為を隠し、子は父の行為を隠してかばう。そこに正直というものがある」というではないか。父は子のため、子は父のために、ぬすんだという事実をさえ隠すことが、孝を尽くす人間として正直だと語るのである。

葉公がいうのは法家の態度である。一方、孔子の言動は儒教となる。だが、儒家の何よりも孝を尊重する真実は客観的事実を蔽ってしまうことにもなり、現実を直視しない態度につながっていく。このような儒教的思考の通弊は、儒教を国教とした中国史、朝鮮史に指摘されてきたところである。同じようなことは『西郷南洲遺訓』にもあらわれており、多くの西郷隆盛論に通底していることが指摘できるだろう。

ひとつ例をあげてみようか。雑賀鹿野編『西郷南洲遺訓講話』(至言社)は、大正十四年(一九二五年)に刊行され、平成二年(一九九〇年)に復刻されている。

これは西郷の遺訓を、戦前の右翼の総本山となった玄洋社の、立雲先生こと、頭山満が講評したものである。若き頭山は西南の役に従軍しようとして果たせなかったほど、西郷を尊敬すること厚かった。そこで、遺訓にある「古人を期するには堯舜を以て手本とし、孔夫子を教師とすべし」を、立雲先生はどう講評しているのだろうか。

「南洲翁が堯舜を手本とし、孔夫子を教師として居られたのは、成るほど先生は大きいのウ。ところで南洲翁は、堯舜・孔夫子をお師匠さまとして勉強されたが、そのお師匠さん達も、皆んな西郷さんの懐ろの中に容れてしまうてム る。成るほど南洲翁が、小さなことに、一々應へられなかつた譯ぢやのウ」。

このように後年ふくれ上がってしまった西郷隆盛像の問題は、今日なお論じられるべきである。後世の人間が西郷を論じて、実証的に検討すること自体が、そのイメージの破壊にしかならなくなるだろう。実像は実像、そして評価は評価である。

私にとっては、西郷の言葉が重い意味を持って迫ってくるのは、西洋文明への根本的な問いかけである。『西郷南洲遺訓』には次のように記されている。

> 文明とは道の普く行はるゝを賛稱する言にして、宮室の莊嚴、衣服の美麗、外觀の浮華を言ふには非ず。世人の唱ふる所、何が文明やら、何が野蠻やら些ニとも分らぬぞ。予嘗て或人と議論せしこと有り、西洋は野蠻ぢやと云ひしかば、否な文明ぞと爭ふ。否な野蠻ぢやと疊みかけしに、何とて夫れ程に申すにやと推せしゆゑ、實に文明ならば、未開の國に對しなば、慈愛を本とし、懇々説諭して開明に導く可きに、左は無くして未開蒙昧の國に對する程むごく殘忍の事を致し己れを利するは野蠻ぢやと申せしかば、其人口を莟めて言無かりきとて笑はれける。

このことに関して西洋側から多くの理屈は聞かされてきたが、「未開の國」にどれほど説得力を持ったのだろうか。彼らの「宮室の莊嚴、衣服の美麗、外觀の浮華」の多くは、「未開の國」から収奪してきた富を築き上げたものではなかったのか。

だが、一方では西郷のいう「文明とは道の普く行はるゝ」にしても、東洋史に於いて実際に行われた試しはなく、書物の中だけの仮想現実でしかあり得なかった。しかも自らを文明の華と称し、他国を未開の夷と見下すのが現実ではなかったのか。

それはともかく、西郷の生ける人間像は言葉ではいい表せない魅力があったようだ。言葉を超えたものを後世の人間が感じとるためには、やはり残された言葉に頼らなければならない。実際に西郷に接したことがある人びとのなかから、あえて薩摩人ではなく、『遺訓』に収められている中津藩士増田宋太郎の言葉を聞いてみよう。

「一日先生に接すれば一日の愛生ず。三日先生に接すれば三日の愛生ず。親愛日に加はり、去るべくもあらず。今は善も悪も死生を共にせんのみ」

これを聞けば十分である。男女の関係にも似た心の働きが、ここには感じられる。増田はこの言葉通り、最後の城山まで西郷に付き従って殉じたのである。

三、田原坂の分列行進曲

その鹿児島にある西郷の銅像はものものしく、親しみというより薩摩人の総大将を仰ぎ見るような感じがする。実際に周囲に柵を設けた小高い築山に立っており、日露戦争の提督だった東郷平八郎の書による「西郷隆盛像」の銘板がいかめしい。

制作者は同郷の彫刻家、安藤照である。そして、鹿児島の「西郷どん」は死地となった城山に背を向けて、真っすぐ錦江湾の向こうにある桜島の噴煙を見据えている。

隠遁していた西郷隆盛が立ち上がったとき、当時の日本ではただ一人の陸軍大将であったにもかかわらず、それから間もなく賊軍の首魁となり朝敵となった。そのような不可思議な姿は、西南の役後の明治十五年（一八八二年）七月に刊行された『新體詩抄　初編』に外山正一が寄せた「抜刀隊」という詩の中にもうたわれている。

外山はその序として、「西洋にてハ戰の時慷慨激烈なる歌を謡ひて士氣を勵ますことあり即ち佛人の革命の時『マルセイエーズ』と云へる最も激烈なる歌を謡ひて進撃し普佛戰争の時普人の『ウオツチメン、オン、ゼ、ライン』と云へる歌を謡ひて愛國心を勵ませし如き皆比類なり左の抜刀隊の詩ハ即ち比例に倣ひたるものなり」と記している。

吾は官軍我敵ハ　　天地容れざる朝敵ぞ
敵の大将たる者ハ　　古今無雙の英雄で

之に従ふ兵《つわもの》ハ
鬼神に恥ぬ勇あるも
起しゝ者ハ昔より
敵の亡ぶる夫迄ハ
玉ちる劔抜き連れて

共に慓悍決死の士
天の許さぬ叛逆を
栄えし例あらざるぞ
進めや進め諸共に
死ぬる覺悟で進めべし

皇國の風と武士の
維新このかた廢れたる
又世に出づる身の譽
刄の下に死ぬべきぞ
死ぬべき時ハ今なるぞ
敵の亡ぶる夫迄ハ
玉ちる劔抜き連れて

其身を護る靈の
日本刀の今更に
敵も身方も諸共に
大和魂ある者の
人に後れて恥かくな
進めや進め諸共に
死ぬる覺悟で進めべし

こんな調子で続き、「敵の亡ぶる」以下はリフレインで最後まで繰り返される。静岡県士族であった外山の思いは、農民兵まで含めた国民国家の愛国心というより、「抜刀隊」というタイトルにも日本刀を魂とする武士に寄せられている。それは維新を成し遂げたのに自らの存在が廃れる運命にあるのは「君が爲」という武士道精神の証しでもあった。

前を望めバ劒なり　右も左りも皆劒
劒の山に登らんハ　未來の事と聞きつるに
此世に於て目のあたり　劒の山に登るのも
我身のなせる罪業を　滅す爲にあらずして
賊を征伐するが爲　劒の山もなんのその

劒の光ひらめくハ　雲間に見ゆる稲妻か
四方に打出す砲聲ハ　天に轟く雷か
敵の刃に伏す者や　丸に砕けて玉の緒の
絶えて墓なく失する身の　屍ハ積みて山をなし
其血ハ流れて川をなす　死地に入るのも君が爲

彈丸雨飛の間にも　二ツなき身を惜まずに
進む我身は野嵐に　吹かれて消ゆる白露の
墓なき最後とぐるとも　忠義の爲に死ぬる身の
死て甲斐あるものならバ　死ぬるも更に怨なし
我と思ハん人たちは　一歩も後へ引くなかれ

我今茲に死《しな》ん身ハ　君の爲なり國の爲
捨つべきものハ命なり　假令ひ屍ハ朽ちぬとも
忠義の爲に捨る身の　名ハ芳しく後の世に
永く傳へて殘るらん　武士と生れた甲斐もなく
義もなき犬と云ハるゝな　卑怯者となそしられそ

外山はフランスの「ラ・マルセイエーズ」のような国民歌をめざしたのだが、国民国家とはフランス革命から生まれ、「ラ・マルセイエーズ」は、その国民を鼓舞した。一方、これに倣ったはずの「抜刀隊」は妙なことになってしまった。自分たちが国民国家の官軍なのに、敵の大将は古今無双の国民の英雄なのである。

この外山正一の詩に、陸軍省のお雇いフランス人シャルル・ルルーが音楽をつけることになった。ルルーは着任して間もなく短時間に作曲し、一八八五年(明治十八年)七月、かの鹿鳴館で陸軍軍楽隊によって披露されている。

歌われている西南の役の記憶はまだ生々しく、たちまち国民的な反響を呼んだ。洋楽にそれほど親しむ機会のなかった日本人は、この曲に新しい音楽の息吹を感じたのだろうか、次々に替え歌もできた。こうして、その後の軍歌や流行歌のさきがけになったのである。

だが、この時代から百年以上も後の、つまり、その間の一世紀にもわたって西洋音楽の教育をされてきた現代の日本人が「抜刀隊」に接したとき、どのように感じるだろうか。そこに聴こえるのは西南の役ではなく、フランスの作曲家ビゼーの「カルメン」であり、「アルルの女」ではないだろうか。ルルーは、たしかにビゼーと同じ時代のフランス人の音楽家であったから、かねてから影響が指摘されている。

当の作曲者であるルルーはこのメロディーに格別の愛着を持っていたようで、「扶桑歌」として作り直し、これが陸軍の行進曲に採り入れられる。こうした経緯があって、「抜刀隊」のメロディーは現代にも生き残ることになった。旧帝国陸軍から陸上自衛隊には「分列行進曲」というかたちで引き継がれ、実はたびたび演奏されている。

最近でも、テレビから盛んに「抜刀隊」が流されていたことがある。二〇〇〇年(平成十二年)四月九日の陸上自衛隊の創隊記念式典で、東京都の石原慎太郎知事が「三国人発言」をして論議を呼んだとき、バックに流れていたのが「分列行進曲」であった。

この場面は、ニュース番組のなかで資料映像として何度も繰り返して、取り上げられていた。石原知事が演説する、そのたびに「抜刀隊」のメロディーが流れていたのである。

もっとも西南の役と音楽といえば、だれもが思いつくのが「田原坂」だろう。南国には珍しく大雪となった鹿児島を二月十五日に発ち、「新政厚徳」の旗を掲げた薩摩軍の最初の目標は、熊本の鎮台であった。だが、戦国の名将加藤清正が築いた熊本城には司令長官谷干城が指揮する鎮台兵が立て籠もり、容易に陥落しない。最大の戦場となったのは、熊本城の北方にある田原坂(熊本県植木町)であった。田原坂では、戊辰戦争で賊軍とされた会津藩士たちから成る官軍の抜刀隊が投入された。彼らは川路利良率いる警視庁から選抜され、今度は立場をかえて、かつては官軍だった薩軍に真っ向から斬り込んだのである。

雨は降る降る　人馬は濡れる
越すに越されぬ　田原坂
右手に血刀　左手に手綱
馬上ゆたかな　美少年

この歌は地元の民謡のように思われているが、実はずっとのちの日露戦争のころ、他のところで作られている。地名を貸している植木町の田原坂は、戦場として被害を受けただけなのである。この一帯では、百二十年以上も経っているにもかかわらず、なお西南の役当時の弾丸が掘り出されている。それもまた田原坂が最大の激戦場だったことを思い起こさせるのだが、その追憶として、ここに立ち寄る観光バスで必ず歌われるのが「田原坂」である。

だが、植木町在住の熊本県文化財保護指導委員、古財誠也さんが語るのは「戦場となった田原坂は家を焼かれ、田畑を荒らされ、戦争の巻き添えとなって死んだ人もいます。あんな勇ましい歌は、地元で民謡として歌う人はいません」というものであった。ここで歌われるのは、やはり、熊本県民謡のおてもやん、五木の子守唄だという。「田原坂」の歌はあっても、地元にとってみれば、いまも「うらみつらみの田原坂でしょう」なのである。もっとも、最近では流行の町おこしとして、この民謡の大会が植木町で開かれるようになっている。

現地には町立の田原坂資料館が建てられていて、西南の役最大の激戦を物語る展示品が並んでいる。中でも珍しいのは、両軍から激しく撃ち合い、空中で噛み合って、落下した弾丸である。こんなことは確率ではあり得ると考えられるのだが、やはり、実物を見て、誰もが驚かされるだろう。

また、目を引くのは両軍のラッパである。いずれも実際の戦闘では攻撃、退却の合図に用いられたのだが、官軍側はフランス式の長いEフラット管、薩軍側は短いBフラット管と、異なる形式のラッパが使われていた。

幕末の日本では、フランスが幕府に肩入れしていたから、軍楽もフランス式が導入されていた。これは明治新政府になって、陸軍に伝統が引き継がれた。一方、反幕府の薩摩藩はイギリスと手を組んでいたので、やはり軍楽はイギリス式であり、のちの海軍が受け継いでいく。この軍楽の流れが、田原坂資料館に見られたのである。

また、ここには展示されていない薩軍の同型のものには、「鹿児島集成館」の刻印があるという。これも近代化を先駆けて進めた薩摩藩ならでは、だろう。さらに薩摩軍は昔ながらの太鼓も持っていたようで、陣太鼓、二種類のラッパが田原坂には鳴り響いていた。これが西南の役最大の激戦地、田原坂の音風景である。この中でイギリス式であるはずの薩軍のラッパが、時にフランス式のラッパ信号を吹いて官軍側を撹乱させたという戦場の音のドラマさえ報告されている。

四、薩摩士族と武村吉

熊本県の民謡と見られている「田原坂」に対する地元の感情とは別に、西南の役という日本史最後の内戦には、日本人の格別な思い入れがあることも否めない。

近年では江藤淳が『南洲残影』（文藝春秋）を著し、西郷隆盛が歌詞にうたわれる童唄に自らの思いを託している。その中では「一かけ二かけて」という、熊本県のお手玉唄として取り上げられているが、ここでは町田嘉章、浅野健二編『わらべうた』（岩波文庫）から紹介してみよう。

一かけ　二かけて　三かけて
四かけ　五かけて　六かけて

橋の欄干(に)　腰かけて
　遥か向うを　眺むれば
十七八の小娘が　片手に花持ち線香持ち
お前(は)どこかと問うたれば
わたしゃ九州　鹿児島の
　西郷の娘にござります
明治十年戦争に　討死なされた西郷さん
　お墓参りもせにゃならぬ

同書の解説によるならば、この童唄は熊本県の阿蘇谷一帯や宮城、山形、福島、兵庫、香川、佐賀県などでは手毬唄である。愛知県小牧市、島根県浜田市ではお手玉唄として、石川県白峰村、岡山市などでは手合わせ唄に用いられるが、もともとは明治の中期以降に生まれた全国共通の唄であるという。

西郷についての唄の文句は、地域によって「西郷の娘でございます」(佐賀)、「西郷隆盛娘です」(愛知、兵庫)とも唄われる。また「討死なされた西郷さん」のくだりは、「切腹なされた父上の」（鹿児島）、「討死なされし父様の」（愛知）、「討たれて死なれた父さんの」（山形）の例があり、少しずつ変化している。ともあれ、これは西南の役から後につくられた童唄であり、いずれも戦死した西郷を慕った内容である。

もちろん、この童唄は旧薩摩領内でもうたわれている。この地方にしか見られない独特の楽器に、板張りの三味線「ごったん」がある。これは撥を使わない。爪で弾きながら、とつとつとうたわれた録音を聴くと、また、味わいは深いものがある。

そんな童唄に思いを託した江藤の『南洲残影』では、圧倒的な官軍の前に城山の西郷が敗死したことを、のちの太平洋戦争で米軍を相手に戦った日本の姿と重ね合わせている。これが太平洋戦争前に書かれたものであるのなら、「武士道とは死ぬことと見つけたり」の滅びゆく美学がまっとうされるのだろう。

しかしながら、戦後五十年もたった時点では見失われた武士道というよりも、崩れゆく日本という現実を目の当たりにして、結局は自ら生命を絶つことになる江藤の、感傷的な嘆きを聞かされているようでもある。

日本史では、西南の役が士族の最後の戦いであった。倒幕の原動力となった下級武士たちのエネルギーが維新後も薩摩藩内で温存され、彼らが組織した鹿児島の私学校が主体となって起こした内戦である。その薩摩藩の内実は、身分差別がきびしく、農民に対してはもちろんのこと、同じ士族であっても、城下士は郷士に対して非人間的な扱いをするのが長い歴史の伝統になっていた。

このような薩摩士族の非人間的な側面は、『西郷南洲遺訓』にある逸話にも見ることができる。ここに描かれる農民は同じ人間であるというよりは、慈しむべき対象なのだが、このエピソードは西郷自身が体験するところに面白みがある。

翁の故山に歸臥するや、武村《たけ》の私邸に入り、毎日耕耘《かううん》に従事し、自ら武村吉《たけむらきち》と稱す。一日糞桶《こやしおけ》を荷《にな》ひ行く。士人某途上にて下駄の鼻緒《はなを》を斷《き》り、翁を呼び止めて之を結《たて》しむ。翁唯々《ゐゐ》として命を奉ず。後幾年《のちいく》、翁之を士人に語る。士人驚き謝す。翁は、「益なきことを言ひ出せり、恕《ゆる》して呉れよ」と、一笑に附したり。

道すがらに百姓の姿を見て、奴隷のように下駄の鼻緒を結わせた武士は、あとで相手が西郷だとわかると態度を一変させる。これが封建身分制では当たり前の態度なのである。この話を明かした西郷にしても「益なきこと」と、こうした社会の人間関係の在り方には深く考えるところはないようである。

西郷が私学校に示した綱領には、「王を尊び民を憐むは学問の本旨なり」という文句があるように、農民とは、そのような憐れむべき存在でしかなかったのである。しかも他の藩より士族の人数が多いということは、それだけ農民に過重な負担がかけられていた。

これらを人口統計で示すと、いっそうわかりやすくなるだろう。一つの例として圭室諦成『西郷隆盛』(岩波新書)によるなら、文久二年(一八六二年)の薩摩藩の人口は約六十一万であった。そのうち、武士(卒を含む)は何と約四〇パーセント、農民が五四パーセント、その他が六パーセントと、きわめて異常な構成になっている。

こうして構造的に農民を極限まで搾り上げることで、薩摩藩の武士の美学は成り立っていたということもできる。明治新政府が次々と打ち出した地租改正、学制発布、徴兵令、秩禄処分、廃刀令などの近代化路線は、とうてい受け入れられるはずがない。

そんな薩摩藩の土地柄では、士族でも何のために戦をするのか知らぬまま、強制的に募兵が行われた。西南の役とは、このような薩摩の、私学校の、士族の戦いだった側面にも目をつぶるべきではないだろう。そして、西南の役の多くの記録が、薩軍、官軍ともに「武士道」とは到底いえぬ戦場だったことを報告している。

一方の官軍側は、士族ばかりではなかった。薩摩の士族から軽蔑されていた農民たちが徴兵されていた。士族の戦いの頭領にかつがれた西郷に国民的な名声があったとはいえ、四民平等の民衆の観点からすれば、やはり、江藤が引用したような西郷を慕う童唄ばかりであったはずがない。たとえば一つの例として、そのころ官軍兵士の間で流行した唄に、西郷はどう扱われていたのか。そこでは士族の美学が軽く笑い飛ばされている。

西郷隆盛　いわしか　じゃこか
たいに追われて　逃げ回る

唄の文句にある「たい」とは鯛であって、官軍の軍隊の隊でもある。徴兵された農民がほとんどだから、薩軍に投じた中津藩士増田宋太郎のように「一日先生に接すれば一日の愛生ず」というようなことには決してならない。

この唄が官軍の中だけで流行したのなら、まだいい。音楽の流行とは、空気伝染のように社会に広がっていく。士族ではない階層、それは国民の大半を占めていたのだが、民衆の世界には人間の真実はともかく、武士道の美学などは通じない。

先の唄の文句は、三原宏文編著『阿波おどり実記』から引用した、徳島県の藍こなし唄でもある。民衆が、流行歌で同時代のニュースを茶化しているではないか。西南の役では農民、商人も含めた官軍に追われる賊軍のさまが描かれ、ここでも「武士道」のようなものに寄りかかって陶酔する余地などはなく、リアルな現実を直視している。

おもしろいのは、これに似た歌が奄美大島にもある。ここは薩摩藩の支配下に置かれたところである。西郷は二度にわたって島流しにされているから縁がある。

この島で薩摩藩のきびしい搾取を見ても、さすがの西郷でも手は出せなかったのだが、横柄な役人を咎めたという逸話が伝わる。そのためなのか、遠慮なのか、「西郷隆盛」の名前が時代をさかのぼって「会津殿様」に替えられている、と同書は紹介している。

五、〇〇〇〇〇とは

城山の陥落によって西南の役が終わった当の鹿児島では、大きな戦災の傷痕が残った。それは町が焼けたことだけではない。何よりも、同じ薩摩人同士のあいだには超えがたい気持ちの溝ができてしまったことである。あの「新政厚徳」の旗を掲げて進軍して一年がたった、明治十一年（一八七八年）二月二十三日の朝野新聞は、そうした鹿児島の様子を伝えている。

その記事を、鈴木孝一編『ニュースで追う明治日本発掘2』（河出書房新社）から引用してみよう。「鹿児島にてはこのごろ西郷、桐野の墓へ参詣人おびただしく、前後左右、香花にて埋まるくらいなり」とあるのは、現在の南洲墓地のことだろう。

「今は男女とも頑固連多く、西郷をよくいい、巡査を悪む事はなはだしく、官員、兵隊をも忌み嫌う様子あり」。巡査をにくむとは、このころの警察官が威張っていたということだけではなく、郷士出身の川路利良が警視庁大警視として、郷里の鹿児島を破壊するため大いに活躍したという近親憎悪にちがいない。官員、兵隊にしても、敵として向こう側にいた大久保利通、西郷従道をはじめとする中心人物の多くは、この町で生まれ、いっしょに育ったのである。

その一例を挙ぐれば子供の流行歌に、と記事の中に唄の文句が紹介されている。

可愛い西郷さんにあげたい物は、金のなる木と玉薬、○○○○を油で揚げて、
可愛い私学校のお茶しおけ（方言＝お茶うけという事）

いやだオッカサン巡査の女房、できたぞその子が雨ざらし

こう流行歌を紹介したあと、政府の讒謗律を意識せざるを得ないのか、「何と驚き入った不了簡ものの多い事ではござらぬかと、芋野頑五郎殿から嘆息して投書せり」と、これはこれで、けっこう巧みに揶揄しているのである。

なお、同書には注として、○○○○○の五文字の「伏字は大久保利通か」とある。この記事にあらわれた鹿児島の空気は、現在でも失われてはいない。だが、いまもなお現地に伝わる唄の文句は「大久保川路」である。

いや、西南の役が起きる前の鹿児島の空気は必ずしもそうではなかった、という見方もある。やはり、圭室諦成『西郷隆盛』（岩波新書）は、私学校生徒による政府火薬庫襲撃の直後、にわかに持ち上がった暗殺陰謀発覚についても考察を加えている。これは警視庁大警視の川路利良からの内命を受け、鹿児島を内偵中だった警部らが私学校に逮捕され、拷問にかけられた中原尚雄から口供書が得られて発覚したといわれている。

しかしながら、たとえば最初に島津久光暗殺計画が取り沙汰されたとき、「大久保氏たるや、右らの所為の人にあらず」「同人は貌異にして内心同腹なれば、いづれまちがひにて、余人の所為ならん」と、大久保に関して否定的な意見が支配的だったという。

次いで西郷に暗殺計画が及んでいた、と私学校の宣伝が行われたが、このときでも一般の空気は少し違ったようである。すなわち、「大久保氏は悪しきとは言はず、警視長川瀬五郎助（川路利良）は、前日東京より警部を鹿児島につかはすにつき不快を生じ、西郷陸軍中将（従道）は甚だ不人望にて、こと発するにおよばば、この面々は必らず討伐するといふ（事変雑書類）」ものだった。

そこで、同書は「しかし相手が西郷の実弟では困るし、川路では小物にすぎる、かくて是が非でも大久保に鋒先をむけねばならず、そこに野村綱自白書の必要性があったのである」と分析している。鹿児島県士族の野村は東京から帰省中だった。野村は中原らの逮捕を知って出頭自首したという。西南の役勃発直前の十三日にできあがった野村の口供書とは、大久保に探偵を頼まれたというものだった。これによって、西郷暗殺の陰謀は大久保が背後で糸を引いている、と「一般の人々にも信じこませるのに大いに効果的であった」というのが同書の結論なのである。

また現地からの報告も立場を変えると、異なる光景が浮かび上がってくる。明治十一年二月一日の「東京日日」には鹿児島県在勤の警視官何某が東京の同僚へ送った状況が紹介されている（山下郁夫『研究　西南の役』）。

「城山翦滅の後は、施政の順序も漸く整ひ、先づ平穏の姿なれども、城下は各郷と異なりて、士族は今に妙な慷慨の気を帯び陽に政府の命に従ふ色あれども、其本心は怨嗟の念を懐けり、壮年輩の両三人も集会する時は、賊に荷担せしと否ざるとを問はず、西郷等の素志を遂げざるを嘆き、悲壮の談のみ多し」。彼ら士族だけではない。「婦女子もまま斯る気象を現はせり、其頑固にして迷夢のさめざる誠に憫むべし」。

しかし、このあとに注目すべき記述がある。「前の士族に引換て、農民は政府を慕ふこと実に切なり、併し却て中等以上の資産あるものは矢張り妙な気風ありて、士族に似たるものあり」と、鹿児島は必ずしも一様ではないのである。

これまで見てきた歌を、もちろん、生前の西郷隆盛が聴いたはずがない。薩軍と戦った相手である官軍の唄であったり、のちの世の人びとが、官軍や「敵の大将」だった西郷について詩をつくったり、歌をつくったりしていたのである。

幕末維新から続いていた国内の戦乱は、この西南の役をもって終止符を打つ。これ以降の歴史では、日本人同士がお互いに武器を持って戦うことはなくなった。

このあとの日本は、外国を相手にした戦争を始める。それだけに西南の役は、敵も味方もあるようで、結局は内輪もめだったのであり、そのことは、こうした歌が何より物語っている。歌詞はともかくとして、「抜刀隊」であれ、「田原坂」であれ、また民謡や童歌であっても、どこか日本人同士の心情として相通じるところがあったのである。

第二章　軍国日本の足元

一、ヒーフハ　オトトン

たった一人の陸軍大将が「敵の大将」となったにもかかわらず、「古今無双の英雄」と国民歌にもうたわれていた西郷は、死後十二年にして「朝敵」の汚名は雪がれ、正三位が追贈された。明治二十二年(一八八九年)、大日本帝国憲法の発布に伴う勅令によるものだった。それから十年もたたぬ明治三十一年(一八九八年)には、西郷の銅像が上野公園にできた。今度は「朝臣」として、軍国日本の国民的英雄として担がれていく。

その富国強兵策に、西洋音楽は国民教育というかたちで奉仕させられていた。そもそも幕末の鼓隊、鼓笛隊から明治初期の軍楽隊とは、欧米列強に独立を脅かされる日本の兵制近代化の調練機能そのものであった。また、欧米並みの近代国家としての装いにも欠かせぬものである。

明治五年(一八七二年)、明治新政府は学制発布をしたが、国民教育の中で音楽は教科として、どのように扱われていたのだろうか。「下等小学教科」は十四の体操に続いて、十五に「唱歌当分之ヲ欠ク」となっている。「下等中学教科」は、二十の「奏楽当分欠ク」である。つまりは、音楽教育の必要性は認めていても、まだ、どうするかも定まっていなかった。

ただし、幕末以来の日本では、かなりの藩では鼓隊、鼓笛隊が編成されたり、伝習が行われたりしていた。また、時代が大きく変わる戦乱期にあって、新しい太鼓とラッパという軍楽の響きは、かなり広く知られていたようである。

前年に学制発布がされた明治六年、文部省が刊行した師範学校編輯「小學讀本巻一」の中には、初めから西洋音楽に関する記述が見られるという。これは三浦俊三郎『本邦洋楽変遷史』が紹介しており、そのまま引用して見たい。

彼等の持ちたる、笛の名をば何といふぞ　此は喇叭なり。
彼等は樂隊の、兵卒ゆゑに、此笛を、吹くことを鍛練するなり。
此笛は兵隊の、行列を整ふる合圖に用ゐ、又は祝日の音樂に用ゐるものなり。
此笛は管長くして先きの開きたるものゆゑに、聲を發すること、最大なり。

やはりラッパという西洋音楽の楽器を取り上げても、第一には兵隊のものなのである。合図に用いるのだが、祝日には音楽も奏でるという。まさに、軍楽隊の機能そのものが、小学校の生徒たちの教科書に記述されている。

教科書とラッパといえば、それから二十年後の日清戦争で戦死した岡山県出身の陸軍歩兵一等卒、木口小平の有名な話がある。木口小平という名前は、戦後ではまったく忘れられてしまったようだが、それでも「木口小平」の名前はあくまでラッパと切り離せない。中内敏夫『軍国美談と教科書』(岩波新書)によると、明治三十七年(一九〇四年)の修身教科書には「キグチコヘイ　ハ　テキ　ノ　タマ　ニ　アタリマシタ　ガ、シンデモ　ラッパ　ヲ　クチ　カラ　ハナシマセンデシタ」と登場している。

堂々と吹かれていた進軍ラッパが、突然急になり、途切れ途切れになり、やがて、弱く低くなって鳴り止んだ。見ると、ラッパ卒が胸に弾丸を受けて息絶えていた。そんな実話が教材化されたものだったが、この兵士が木口小平だったかどうかは論争がある。

現在ではラッパという言葉は「ラッパ飲み」ぐらいにしか使われず、ブラスバンドでは金管楽器と呼ばれている。そのように、やはりラッパとは軍楽のイメージなのである。

それはともかく、「当分之ヲ欠ク」とされていた音楽教育は、ようやく、西南の役から後に始まった。そこで、学校の音楽教育には徴兵制に連動する軍事目的が隠されていたという見方ができる。その前史として、かたちだけは徴兵制を敷いて、当時の人口の約九割を占めた農民が主体となる徴兵が直面した実戦の場が、まさに西南の役だった。

そうした西南の役と西洋音楽の働き、その後の国民教育の絡み合いについて、武智鉄二『伝統と断絶』(風濤社)は、たいへん興味深い考察をしている。

同書によると、このとき熊本の鎮台兵について分析されたのは、集団移動ができない、行進ができないなど、近代戦にとって致命的ともいえる欠陥だった。

個々人の武芸に頼る日本の伝統的な戦いは、もちろん西南の役でも見られた。それは田原坂に投入された官軍の抜刀隊と薩軍とのぶつかり合いだったのだが、結局のところ、士族同士の戦いは相討ちになったといってもいい。ほんとうに決着をつけたのは、両軍の主義や主張はともかく、やはり近代兵器と組織だったということができる。

こうした観点から、明治新政府の官軍が勝利したとはいえ、行進を伴う集団移動ができないという徴兵制下の農民兵の欠陥は、早急に改善されなければならなかったのである。それはまた、明治国家が推進する国民教育の大きな課題となった。

日本列島で稲作が始まって以来というもの、この瑞穂の国では農民が人口のほとんどを占めていた。そんな日本の歴史には、中国史と異なる大きな特色があった。

それは明治維新までの戦は、基本的に刀を持った武士という兵士の闘いであって、その支配下に置かれてはいても、土を耕して食糧生産に従事する農民はあくまで農民だった。農民たちの中には、手弁当で合戦見物をしている姿さえ見られた。

このため、日本の人口は戦乱によって減ることは例外的であって、基本的には一貫して増え続けたということは、民俗学者の宮本常一が主張するところである。

しかし、十九世紀の帝国主義、植民地主義の時代に欧米列強と伍していく近代的な独立国家として、その国民の軍隊は、彼ら農民を兵力としなければならない。そのためには、明治新政府は国民教育によって体位や資質の改変を目指した。そして、音楽教育もこれに連動することになった。武智の分析によると、日本の音楽は呼吸の作用をリズムの基本としており、これもまた行進には向かない。左右の手足を交互に振る運動と、心臓の鼓動とをリズムの基本とする西洋の音楽によって、近代的な軍隊の行進は初めて可能となるのである。

こうした西洋音楽のリズムを、当時の日本人は、どのように受けとめたのか。山口常光『陸軍軍楽隊史―吹奏楽物語り』（三青社）に興味深い話が紹介されている。明治初期、兵隊たちはまだ珍しい軍楽を「ヒーフハ　オトトン　ヒーフハ　オッカハンン」と口真似をして、からかっていたという。邦楽の伝統は、唱歌《しょうが》といって、音楽を言葉にして覚えるのだが、ここでも、見事に日本的に変形した二拍子のリズムがとらえられている。

曲がりなりにも、日本人は幕末維新期に西洋音楽を導入することになった。これは何よりも砲艦外交を胸に秘めたペリー艦隊の来航という衝撃に起因する。彼らは徳川幕府のいわゆる「鎖国」体制に従順な出島のオランダ人とはまったく異なっていた。

開国を求めて泰平の夢を破る米国東インド艦隊の提督ペリーが率いる近代的軍隊を、幕臣や志士たちは目の当たりにしたのである。そこでは最新兵器ばかりではなく、まるで軍隊に気合を吹き込んでいるような軍楽隊も近代的な武威の象徴であった。それまでの日本の戦争に使われていたのは、法螺貝、鉦、太鼓だったから、彼らが軍楽隊の響きとその働きに圧倒されたのも無理はない。そして、明治維新の原動力となった薩摩、長州の両藩は、ともに薩英戦争、馬関戦争の体験を経て、軍楽隊の必要性を十分に認識していったはずである。

徳川幕府を打倒した明治の薩長政府は、近代国家として徴兵制を導入してみたものの、西南の役で、農民の、すなわち日本人の身体的な動作の欠陥に気がついた。欠陥といっても、近代的調練の目的に適わなかったということなのだが、一方、官軍に敗北した薩軍の総大将西郷は上野公園の銅像姿とはいえ、興味深い日本人の遺物を後世に残している。

野村雅一『身ぶりとしぐさの人類学』(中公新書)によると、もともと日本人は歩くときには踵ではなく、足先の親指に力を入れるため、草履や下駄は踵がはみ出るように作られる。古くは踵の部分をまったく欠く足半《あしなか》という履物があった。上野の西郷さんは、まさにその足半を履いている。そして三十九年後、今度は鹿児島に銅像がつくられたもう一人の西郷さんは軍服姿になり、足元には靴を履かされている。

こうした西南の役の実戦体験を経て、文部省の音楽取調掛から国民教育は始まる。導入されたのは、近代的な軍隊と結び付いた西洋音楽であった。近代日本の音楽教育もまた、軍楽隊に先導されたのである。

二、「ナンバ」と揃い足

行進を伴う集団移動ができない農民兵の欠陥とは、そもそもが稲作による伝統文化の行動様式として、深く日本人の生活に根を下ろしていたものだった。もとはといえば、弥生時代から、あるいは、すでに縄文時代から日本的な米作りで形成された身体的な動作であり、集団で行進することなど、田畑を耕す農耕生産に従事する農民には必要がなかった。

そんな農民の基本姿勢は「ナンバ」と呼ばれている。この言葉の語源については、はっきりしない。河野亮仙「舞踊と武術」（野村雅一、鈴木道子編『身ぶりと音楽』所収）も「なんばは南蛮振りの略であるが、その語源についてはよくわからない」という。

それでも武智鉄二『伝統と断絶』が金山で働くときの滑車を引く姿勢に由来するのではないかと見るのに対し、その滑車が南蛮渡来であったから「ナンバ」という日本的な呼称になったのかどうかについては、疑問視している。

語源はともかくとして、右手が前に出るとき右足が前に、左手が前に出るときは左足が前に出る姿勢が「ナンバ」なのである。すなわち、鍬をふるうときのような半身の姿勢であって、この体勢の要は腰を入れる、据えるということである。

こうした日本人の身体の動作は、現代にも伝わる芸能の中にも見ることができる。たとえば、能や狂言では手を下ろしたまま、足だけで歩き、手を振ることはない。手を振るときは、日本舞踊がそうであるように、右手と右足、左手と左足が一対となる。大袈裟な例としては、誇張された演劇様式である歌舞伎の花道で演じられる「六方」に明らかだろう。

日本の武士たちの身体動作も、農民たちとたいして違うところはなかった。それどころか、音楽学者の小泉文夫は『日本音楽の再発見』（講談社現代新書）の中で、武士たちの乗る馬さえも「ナンバ」で歩いたことを指摘している。

これは馬術の世界では側対歩という歩き方であって、左前脚と左後脚が、右前脚と右後脚がいっしょに前に出る。とくに速足のときはそうなるように、きびしく仔馬のときから棒や綱を使って訓練される。馬本来の歩き方は右前脚と左後脚、左前脚と右後脚が連動するのであり、斜対歩といっている。実際に馬に一度乗ってみると理解できるのだが、馬の背はけっこう揺れるものなのである。

そこで日本の馬は、なぜ側対歩なのか。小泉は「日本の鎧というのはガサガサしているので馬が上下動をしたら困る、左右に揺れるのはかまわない。そのために上下動をしない馬の歩き方を考え出したのですね」と、同書では説明している。

現在、歌舞伎という伝統の世界ではすべてが「ナンバ」かというと、馬の脚については混乱が持ち込まれたようである。若い人たちは左右交替の自然な歩き方を試みるのだが、古老たちは「ナンバ」で歩くよう指導する。そこで、武智は「武家用の、戦闘用の馬は、ナンバで歩くのが、正しい。それに反して、農耕用や輸送用の馬は、動物学的に、自然の歩様で、歩かなければならない」と、『伝統と断絶』の中で説いている。

したがって、歌舞伎の馬の脚は「熊谷直実の馬の脚は、ナンバに、塩原多助の馬の脚は、自然に歩くように、馬の役づくりをしなければならぬ」が武智の結論である。

さて、日本古来の武士の馬術について、木下順二『ぜんぶ馬の話』（文藝春秋）では、これは古流で揃い足と呼んでいるようだという。たしかに揃い足だと、横揺れはするものの、激しい上下動は抑えられる。また、馬術の世界では一般的な乗り方として、馬の左側から乗る。ところが、日本の武士は右側から乗る。これは西洋のサーベルとは異なって、重い刀を腰の左に差すことから、こういう乗り方になったらしい。

そして馬の「ナンバ」、すなわち古流の揃い足は十一世紀の後半、前九年後三年の役の長い戦いの中で、なるべく疲れない方法として、源義家が考え出したとの伝承を紹介している。ただし、同書は何ら典拠が示されていないとの指摘も忘れていない。

こうした日本的理由の適否は問わないとして、側対歩とは日本独特のものというより、実は世界の馬術でも古くから見られる訓練による歩き方である。ヨーロッパでもギリシャやローマ以来の伝統を持っているから、決して特殊なものとはいえないようである。

その中でもモンゴルでは、まことに興味深いことながら、側対歩である馬の「ナンバ」の歩き方をジョローという。〈ワールド・ミュージック・ライブラリー〉第三十六集『草原の叙事詩モンゴルの「ジャンガル物語」』の解説(鈴木秀明)によると、ジョローができるよう訓練された馬をヌジョローと呼んで特に珍重するということである。

モンゴルと日本の民謡は、かねてから類似性が指摘されている。たとえば、オルティンドーとはモンゴル語で長い歌を意味するのだが、音階や発声は大変よく似ており、日本の各地に伝わる追分節のルーツではないかとの説が根強くある。

馬が日本に伝わって来たとき、歌もいっしょに入って来たと考えられているわけだが、モンゴルに馬のジョローがあるのだから、モンゴル人にも日本人と同じように「ナンバ」の歩き方があるのかもしれない。

同じ「ナンバ」でも、二足歩行の人間は手が地面に着かないのに対し、四つ足の馬は前脚と後脚を、それぞれ右、左とそろえて地を踏み締めなければならない。現在の日本でも宮内庁で調教されているので、生きた実例を見ることができる。他人事ながら、馬も、馬の脚も大変である。と、斜に構えた私がズボンのポケットに手を突っ込んで歩いたら、どうだろう。右足につれて右ポケットの手が動き、左足につれて左ポケットの手が動く。これが、まさに「ナンバ」の歩き方ではないだろうか。

残念ながら、モンゴル人の「ナンバ」について、私はまだ見聞きしたことはない。だが、実は河野亮仙「舞踊と武術」によるなら、「ナンバ」という動作は「インドやインドネシアの舞踊に特徴的に見られ」「中国の伝統的な演劇にも見られる」のである。

したがって、「ナンバ」が日本人の基本的な動きであっても、それは日本固有のものというより何らかの条件下に置かれた人間共通の動作であり、「むしろ、山がちな国に住む民族の歩法との関連からみちびきだしたほうがよい」ということになる。

その例の一つが、チベット人の歩き方である。「教育を受けていない田舎のチベット人は、今でも右半身前、左半身前という歩き方をする。これが山がちな国に住む人の歩き方で、本来の日本人の歩きに近いのだろう」との見解である。

そうだとすると、日本人の「ナンバ」は必ずしも稲作による動作から生じたものではない、と考えることもできる。さらに「ナンバ」は西洋にはあまり見られないというだけであり、非西洋の世界では意外な広がりを持つ可能性も出てくるだろう。

三、茶ワン、ハシの号令

とかく、日本文化の独自性を強調するあまり、他の文化との比較が忘れられがちになる傾向には自戒を要する。それは、どんな文化でも同じことがいえるにちがいない。民族固有の文化、オリジナリティーという言葉は甘い蜜の誘惑のようなものである。

地球上の人類が同じ人間であることを忘れ、比較することを怠っていると、独自の文化とは井の中の蛙であったり、夜郎自大であったりする。日本でも、中国でも、西洋でも、ほんとうのところは単に他を知らない、というだけのことかもしれないのである。

実際に、野村雅一『身ぶりとしぐさの人類学』のなかで、アジアから西方の地域の例がいくつかあげられている。それによると、西洋文明の源流となった古代ギリシャの壷絵に「ナンバ」で走る姿が少なからず見られる。またモーツァルトやベートーヴェンのトルコ行進曲がよく知られているように、近代ヨーロッパ音楽に影響を与えたトルコの近衛兵団「イェニチェリ」の行進とは、実は「ナンバ」の行進だったというではないか。

そうだとすると、何とも奇妙な連鎖が描かれることになる。そもそも、日本の「ナンバ」の農民が教育されるヨーロッパ式行進法の先導をつとめる軍楽隊は、トルコの軍楽隊から大きな影響を受けている。「ナンバ」で行進するトルコの軍楽に学んだヨーロッパ、そのヨーロッパの軍楽によって、日本人は「ナンバ」を矯正しようとしたのである。

その様子については、かつての海軍軍楽隊長、内藤清五の述懐が興味深い。内藤は日露戦争が終わった明治三十九年（一九〇六年）に海軍に入ったが、軍楽生といっても兵隊であり、その訓練を受ける。宮沢縦一『明治は生きている』（音楽之友社）で、次のように語っていた。

——第一は教練、みんな一と通り歩けるようにすることで、あの時分は左の手と左の足を一緒に上げる人がいて、歩調をとって歩けんものがおった。私らの前には、左、右、と号令かけてもわからないのがいたので、茶ワンは左、ハシは右にもつから、茶ワン、ハシと号令かけたころもあった。（後略）

こうした苦労もあって、また明治以来の国家をあげての国民教育がなされた結果、現在の日本人は、手と足を逆の方向にふって歩くようになっている。それでも、現代のわれわれの身体運動にはなお、どこかに「ナンバ」の所作が顔を出すのではないだろうか。

それは遺伝子のように残っているにちがいない。たとえば、小学校の運動会でも右手と右足、左手と左足が連動する低学年の子どもを見かけるのは何とも微笑ましい。ただし、先生から直ちに注意されて、この動作は直されてしまう。

こうして矯正されてきたはずの大人たちも、何かの機会に昔ながらの盆踊りに飛び入りすることがある。ふだんは踊ったことがなくても、たちまちにしてスムーズに右手右足、左手左足を連動させることができるだろう。少なくとも、私は西洋音楽愛好者のひとりなのだが、自分で自分に驚くことがしばしばある。

実際、この「ナンバ」は日本人の身体の動作に取り憑いて離れないようだ。現代でも、剣道の打ち込みをするときには右手と右足が同時に前へ出るのであり、相撲の押しも右手と右足、左手と左足が基本である。

こうした日本の武道は、いまや国際的なスポーツになっている。初めて習う外国人にしても、この「ナンバ」の動作をマスターしないことには始まらないだろう。

もっとも、こうした「ナンバ」を克服したつもりの現代のわれわれの感覚からすれば、かつての日本人の行進はやはり奇妙なものだったにちがいない。幕末維新期には二拍子の「宮さん宮さん」が歌われ、いわゆる「維新マーチ」が鳴らされていても、せっかくの錦の御旗を掲げた官軍兵士の足並みが揃っていたはずがない。

忠臣蔵の四十七士も、またそうである。往年のNHKテレビの大河ドラマ「赤穂浪士」で芥川也寸志のテーマ音楽から、何となく浪士たちの整然とした行進をイメージしてしまう。だが、これまで見てきたように実際にはあり得ないことである。

せっかく仕留めた吉良上野介の首級を槍に掲げていても、現実の光景として思い描くべきは、四十七士がぞろぞろ、あるいは、だらだら、ばらばらと歩く姿なのである。

さらに付け加えるなら、昭和になっても、軍国主義のただ中にあった一九三六年のベルリン・オリンピックの入場行進も、そんなに変わることはなかった。

ヒトラーが見守るなか、欧米各国の選手団は整然と行進したが、わが日本選手団はといえば、やはりだらだらと、ばらばらに入場し、一瞬、スタンドの観衆がその異様さに沈黙したと伝えられている。のちに指摘されたのは、国際的なマナーについての無知と西洋音楽のリズム感の欠如ということに尽きた。

これに懲りて、次の東京オリンピックではベルリンの二の舞いをしないようにと対策が叫ばれた。日本の皇紀二千六百年(一九四〇年)という記念の年の誘致に成功していたのだが、結局は盧溝橋事件の泥沼にはまって中止となり、第二次世界大戦に突入する。それからの日本人の行進は痛ましいほど矯正されていく。現在に残る学徒動員の映像で整然たる雨中の行進が見られるが、教育と強制はほとんど同義語のように胸に響いてくる。

この戦争のために幻となっていた東京オリンピックは、戦後の一九六四年(昭和三十九年)に実現した。このときの開会式では、古関裕而の「オリンピック・マーチ」に乗って整然たる入場行進を見せたのは、一糸乱れぬ日本選手団だった。

これは戦時中の軍隊教育の成果なのか、あのベルリン・オリンピックの汚名を晴らそうとしたのか、今日のわれわれの知るところではない。

しかし、閉会式では各国選手団が入り乱れてのばらばら入場が演出された。考えてみるなら、これこそは日本で開かれたオリンピックならではのことであり、日本人が集団移動するときの伝統を世界に〝技術提供〟したものだったにちがいない。

さて、明治十年二月十五日、決起した薩摩軍の第一陣が東京をめざして進軍した。このとき、鹿児島が大雪だったこととは関係なく、その足並みはばらばらだった。

この二日後に出征する西郷の姿は、萩原延壽『遠い崖　サトウ日記抄』第十三巻（朝日新聞社）には、陸軍大将の制服を着て、舶来の葉巻をくゆらしていたと描かれる。

彼らは鹿児島県令大山綱良を通じて、次のような照会書を熊本鎮台に送っていた。


拙者儀、今般政府へ尋問の廉有之、明後十七日県下発程、陸軍少将桐野利秋、陸軍少将篠原国幹、及旧兵隊の者共随行致候間、其台下通行の節は、兵隊整列指揮を可被受、此段照会に及候也。

明治十年二月十五日　　陸軍大将西郷隆盛

熊本鎮台司令長官

この照会書の気持ちで昂ぶった薩摩軍は、一丸となっていたのだろう。だが、気持ちはそうであっても、その足元は揃っていたはずがなかったのである。

そして、西郷本人はこの照会書の文章をあとで知って、あまりにも無礼で世間知らずな内容に驚いて差し止めようとしたという。すべては、もはや手遅れであった。このような意識を持っていた薩摩士族の資質がわかろうというものだが、それが私学校一党の気持ちだったのである。西郷には、万事休すの思いがあったにちがいない。

四、京をかぎりの死出の旅

西南の役を題材にした音楽は少なくない。その戦役の最中にも歌があった。それならば、生前の西郷が実際に聴いた音楽はなかったのだろうか。音楽が好きであっても、そうでなくても、人間が生きている限りは何らかの音曲は耳に入ってくる。

「敬天愛人」の西郷が、その周辺から聞こえてくるものに、耳をふさいだはずがない。聞こえてくるものは、自らの生きる時代の空気の振動だから、である。

西南の役のさなか、明治十年八月二十四日の東京日日新聞は「薩将のいろは歌」を伝えている。「左の唱歌はかねて賊将の何某が作りて昨年より各郷に伝播せしめ、女童部までも謡いはやすように仕掛けたるものなりとて、或る人の寄せられたり」という記事である。戦中のこととて、西郷は自ら歌わぬまでも耳にしたことはあったかもしれない。

この報道は、鈴木孝一編『ニュースで追う明治日本発掘2』(河出書房新社)によると、「その巧拙はしばらくおき、早くより今日の企てありしを知るにたるべし」と伝えているが、政府寄りの姿勢はともかく、ここにそのまま引用してみたい。

い　まもむかしも神国なるに
ろ　しや、あめりか、よふろつぱ
ば　かな夷風に目はくらみ
に　ほんのみだれは顧みず

ほ　うを異国に立てかへて
へ　たの将戯の手前見ず
と　られさうだと金銀を
ち　ゑあり顔に無分別
り　よく我儘しほうだい
ぬ　すみは官員とがは民
る　ろうの士族おびただし
を　ほくの租税、罰金を
わ　たくしがちの政事故
か　はる布告は朝夕に
よ　の行末はいかならん
た　かきいやしきわかちなく
れ　いも作法もなくなりて
そ　んは我、国益は彼
つ　まり夷国の計略に

ね　い奸ものはうち合ふて
な　には兎もあれ角もあれ
ら　い名つふしたその時に
む　かしに復るといふたのも
う　そと今こそ知られけり
ゐ　のちを捨てて国の為
の　がさず討てよ佞奸を
お　ほ久保、三条ちぎり合ひ
く　らすこの世は面白や
や　められうかや花の夢
ま　よふ心の末いかに
け　たう人らに国をうり
ぶ　具も刀も捨てよとは
こ　こんきかざる布告なり
え　ぞ地ももはやおひとられ

てん下の治乱は只今よ
あすはかからん暗殺に
さらば逢はんと思へども
きよき心は神ぞ知る
ゆう士はあまた隠れ居て
めいを奉ずるものもなく
みすみす二人がいる故に
じ職の人は勤王家
ゑい名あへて好まねど
ひ道を責むるは天の道
もはやこの上忍ばれず
せめてはつくす武士の
すまんの民を救はんと
京をかぎりの死出の旅

たしかに巧拙はともかくとして、薩軍がもう一度世直しに出かけなければならない、という心情は現れているようだ。そして、十年前の御一新ではいいことは何もなかったというのが、維新を推進した士族だけではなく、多くの民衆にとっても新政府に対する実感であったにちがいない。異国にいいようにやられ、大久保利通や三条実美らの官員たちだけが甘い汁を吸って、新政府が夷風に目がくらんでいるように思えてきたとしても、無理はない。だからこそ、彼らは再び立ち上がることにしたのだろう。

しかも、新政府は御一新の主役だった武士から刀を取り上げようとしている。この前年、明治九年には廃刀令が出されていた。民衆を救うのは鎌倉以来の武士のつとめである、と薩軍の「いろは歌」は本気だったのだろう。

これがそのまま西郷の気持ちだったのかどうか、それはわからない。しかし、そう思い込んだ私学校党の気持ちは、西郷にも十分にわかっていたにちがいない。その周辺にも、西郷の耳に届くように歌った兵士たちがいたのかもしれない。

だが、こうした薩軍の快進撃は熊本までだった。百姓たちを集めた熊本鎮台に押し戻されたのである。わずか十年前に薩摩藩の士族が中心となって成立させた新政府の、徴兵された農民兵たちは、思いのほか手強かった。

西郷自身、このことを喜んだというエピソードもある。そして、雪の鹿児島を発進した彼らは、半年後、季節は移ろって残暑の郷里に逃げ帰ることになった。

城山では、もはや誰もが最期を覚悟していた。残り少なくなった薩軍はこの世に思い残すこともなく、あるだけの酒や食料を持ち寄り、別れの宴を開いた。酔っては、詩吟や歌が出る。そして、この陣営には薩摩琵琶の名手西幸吉がいたはずである。鹿児島に戻ったとき自宅から琵琶を取り寄せたという。城山の戦闘では西郷にも接していたが、西は負傷したことで生命を永らえた。このことがまた、のちに新たな西郷像の誕生につながる。

現代の音楽状況ではめったに聴く機会はないのだが、西郷を主題にした琵琶歌がある。かつて西郷との談判の結果、江戸を無血開城して町を戦火から救った勝海舟が、薩摩琵琶のために「城山」を作っている。もちろん、西郷の死を惜しんでのことである。

西南の役から八年たった明治十八年、勝は高崎正風邸に招かれた。ちょうど、ルルーの「抜刀隊」が発表された年である。その席で西南の役の生き残りだった西幸吉が弾奏する薩摩琵琶を聴いた。これを機に詞をものしたのが「城山」だった。島津正編著『薩摩琵琶の真髄——西幸吉の秘録とその解題』(ぺりかん社)から引用する。

それ達人は大観す、抜山蓋世の勇あるも、栄枯は夢か幻か、大隅山の狩倉に、真如の月の影清く無念無想を観ずらん。何を怒るかいかり猪の、俄に激する数千騎、勇みに勇むはやり雄の、騎虎の勢一轍に、とどまり難きぞ是非もなき、只身一つを打ち捨てて、若殿原に酬いなむ。明治十年の秋の末、諸手の戦打ち破れ、討ちつ討たれつやがて散る、霜の紅葉の紅の、血汐に染めど顧みぬ、薩摩武夫の雄叫びに、打ち散る玉は板屋打つ霰たばしる如くにて、面を向けむ方ぞなき、こだまに響くときの声、百の雷一時に落つるが如き有様を隆盛打ち見てほくそ笑み、あな勇ましの人々やな、亥の年以来養ひし、腕の力も試しみて、心に残る事もなし。いざ諸共に塵の世を、逃れ出むは此時と、唯一言を名残にて桐野村田を初めとしむねとの輩諸共に、煙と消えし武夫の心の内こそ勇ましけれ。官軍之を望み見て、昨日は陸軍大将とあふがれ、君の寵遇世の覚え類なかりし英雄も、今日はあへなく岩崎の、山下露と消え果てて移れば変る世の中の、無常を深く感じつつ、無量の思ひ胸に満ち、只蕭然と隊伍を整へ目と目を見合すばかりなり。折しもあれや吹き下す城山松の夕嵐。岩間にむせぶ谷水の、非情のこゑも何となく、悲鳴するかと聞きなされ戎服の袖をぬらしそうらん。

この詞をもとに西幸吉が琵琶の曲にしたのである。この「城山」には、実際に最後の戦場で西郷に接した西の思いが、勝が寄せた思いと深く重なり合っていたにちがいない。勝は、西の弾奏する「城山」を聴いて、「嗚呼吾れ自ら泣かんが為めの拙作に非ざりしも、覚えず情迫りて胸に溢れ、遂に涙を禁ずること能はざりし」と語った。そして、西家では勝が書きつけた詞を家宝としているという。

もちろん、そんなことは生前の西郷がまったく知るところではない。城山で迎えた最後の夜、中空の月は鏡のように澄み切っている。西郷が起居していた岩崎谷の洞窟前では、輿夫の益森三四郎が、馬方節を唄って、踊ったので、座はわいた。こうして、城山の夜は更けていったのである。

第三章　幻の大明神山

一、十七夜の月明かり

このときは、もう未明になっていたのかもしれない。十七夜の月明かりに響く楽の音は、秋の虫の音とは異なり、何かを訴えかけるように聴こえてきたことだろう。それは、技巧を超えた心からの音楽であり、敵味方の誰もが敬愛する西郷への惜別奏楽だった。

この夜の、城山の薩軍に最終通告をしていた官軍側は用意周到であった。その中で奏楽の情景は、たとえば、このように語られている。

突如として、官軍の陣地から力強くも、また哀切をきわめた軍楽の響きが、風に流れて城山一帯を包んだ。ときあたかも空には晄々たる明月、あたりは未だ夜のしじまに閉ざされて、寂として声はなく、将兵もしばしのまどろみをすごしていたときである。これぞ徳望一世を圧した大西郷にはなむける官軍心やりの袂別の演奏である。

これは第二次大戦の敗北で解体された陸軍軍楽隊の、最後の軍楽隊長山口常光が著した『陸軍軍楽隊史―吹奏楽物語り』(三青社)からの引用である。軍楽隊に残された何らかの記録、伝聞に基づいているのだろうが、城山に籠もる薩軍の陣営はどうしていたのだろうか。「身じろぎもせず、腕を組み頭を垂れて聞き入る西郷とその親衛隊、そして征討軍の将兵たち。指揮をとる陸海軍楽隊長、吹奏する楽員――すべての者がそれぞれの感慨をもち、なかにはこみあげる涙を押えかね、嗚えつする者もいたことであろう」。

最後まで読み進んでいくと、何だ、といいたくなるではないか。陸海軍の軍楽隊長二人がそれぞれの楽員たちの指揮をとっているのも、考えてみれば妙な話なのだが、結局は「であろう」という推測で書かれていたのである。これが小説なら、西郷隆盛の人生最後の一夜の真実を描いた、ということになるかもしれない。

しかし、軍楽隊長という要職にあった人間が推測をせざるを得なかったということは、西南の役に従軍した陸軍軍楽隊には記録が残っていなかった。あるいは確認のしようがなかった、ということなのだろう。

『新版吹奏楽講座第7巻　吹奏楽の編成と歴史』（音楽之友社）にも、第四章では陸軍軍楽隊（執筆・須磨洋朔）の歴史が取り上げられている。やはり、筆者は自らも旧軍楽隊に所属したOBであり、ここでも西南の役での活躍が語られている。

「明治10年（1877）、西南の役には2月から9月の戦争終末まで軍楽隊が従軍した。この教導団軍楽基本隊は編成されてから4年ぐらいにしかならなかったが、山県兵団に配属されて、植木の本営を基地として各所をめぐり、また熊本城に入場のおりは官軍の先頭に立ち、大いに士気を沸き立たせたという」。

陸軍軍楽隊は西南の役の前年九月には、小篠秀一隊長ら二十八人が東京本郷の大槻磐渓邸で催された「大槻磐水翁五十回追遠会」に出張演奏している。大槻家では磐水の孫で、磐渓の子である如電、文彦の兄弟が、西周、福沢諭吉、勝海舟、成島柳北、ニコライ司教ら当時の文化を担ったそうそうたる客を迎えていた。このことは当時の新聞にも報道されており、曲目はポルカ、ボレロ、カドリールなどの舞曲を中心にした九曲である。

このような粋な演奏をしていた陸軍軍楽隊は、西南の役が勃発するとともに従軍した。とくに熊本で活躍したエピソードは、のちに当時の目撃者によって、しばしば語られている。

一方、とうとう熊本の鎮台兵に阻まれた薩軍は、その後は苦難の退却に次ぐ退却を余儀なくされる。延岡の北にある可愛岳では官軍の包囲を脱するなど、ついには鹿児島に戻った。しかし、意気揚々と大雪の鹿児島を進軍して七か月、不本意ながら自らの本拠地でも官軍に追い詰められていった。もはや、城山に籠もって死を覚悟する状況となった。

そこで最後の一夜を迎えたときの情景を前掲書はこう描く。「また、9月23日の月の夜である。『明24日午前4時の号砲3発を合図に、城山を攻撃せよ』という命令が発せられた、その夜のことである。大明神山のいただきより時ならぬ軍楽の音が陣営の夜空に響いた」。

ここまでの経緯は、多くの文献が語っていることに相違ない。相違しているのは、このあとのことなのである。先にあげた『陸軍軍楽隊史―吹奏楽物語り』も、結局のところ、「であろう」という推測でしかあり得ない文章だった。それなら、この『新版吹奏楽講座第7巻』ではどうなのか、次のくだりを引用することにしよう。

半年以来、大砲や鉄砲の響きと突貫の声より聞くことのなかった将士は、敵も味方も塁壁にもたれて、その玄妙なる音楽に聞きほれた。今までの苦しみも悲しみも忘れたかのようだった。小篠楽長が指揮するこの軍楽は山県征討参軍が、長い間の心の師であり友である陸軍大将近衛都督参議の職にあった西郷隆盛への別れの曲であったのである。重囲のなかにあり、運命のいたずらから大死の前に立っている隆盛とその一党は皓々たる月光の下に、この世の名残りと心いくばかり耳をかたむけたことであろう。悲しい曲はいつまでも続いた。どこもここも、しわぶきひとつ聞えなかった。官となり賊となるも時のみぞ知る約束ごとであったろう。隆盛に従う老いも若きもが涙して聴いたであろう。

同じ陸軍軍楽隊の先輩にあたるOBの文章が下敷きになっているようだが、重大な違いがある。それは惜別の奏楽をしたのは、前者が陸海軍楽隊であったのに対し、後者は大明神山の教導団軍楽基本隊、すなわち陸軍軍楽隊なのである。

さらには「小篠楽長が指揮する」と、軍楽隊長だった小篠秀一の名前が出てくる。全体が推測をまじえた文章でありながら、このところは当時の教導団軍楽基本隊の組織のことだから、指揮するとしたら小篠楽長でなければならないことは確かである。だが、確かではないことこそ問題の核心であり、ほんとうに陸軍軍楽隊が演奏したのかどうか。

すなわち、この夜、小篠楽長が指揮する陸軍軍楽隊が大明神山で演奏した、と記述されたことが史料的に裏付けられるかどうか、である。そうしたものがない限りは、たとえ、陸軍軍楽隊の輝かしくも長い歴史のなかで伝承されて来たことであっても、この情景描写は絵空事に過ぎなくなるではないか。

その史料の出典は、どこにも示されないまま語り継がれている。先の第二次世界大戦の敗北によって陸軍軍楽隊は解散せざるを得ず、資料も散逸したなどの事情があったのかもしれない。それにしても、軍楽隊出身の筆者がそれぞれに、二人の楽長が指揮する陸海軍軍楽隊の演奏にしたり、陸軍軍楽隊だけだったとしたりするのは奇妙である。

さらに奇妙なことは、『新版吹奏楽講座第7巻』には陸軍軍楽隊に続いて、海軍軍楽隊の項目がある。その記述(執筆・片山正見)は、どうなっているのか。筆者は、やはり旧海軍軍楽隊のOBである。西南の役での活躍は次のように描かれている。


明治10(1877)年1月、天皇の京都および大和地方への行幸の折、御召艦「高雄」に乗り組み供奉した。京都に駐輦中、西南の役が起ったので、軍楽隊は征討総督、有栖川熾仁親王に付随して、博多ほか九州各地を巡航して、9月23日名月の夜鹿児島に上陸して、官軍陣地鹿児島大明神山の頂上から敵将への儀礼として、惜別の奏楽を行った。これはあまりにも有名な話である。隊長中村祐庸ほか薩摩藩出身の隊員は感慨にたえなかったことであろう。

何と、陸軍軍楽隊の項目では「小篠楽長が指揮する」とあったのに、同じ本の中の続きでは海軍軍楽隊の「隊長中村祐庸ほか薩摩藩出身の隊員」なのである。陸軍と海軍にライバル意識があったとしても、一冊の本の中で記述が食い違う。これはどういうことなのか。

二、又煙火戯ヲ演ス

いったい、城山に向けて演奏したのは二人の楽長が指揮する陸海軍軍楽隊だったのか、小篠楽長の陸軍軍楽隊だったのか、中村隊長の海軍軍楽隊だったのか。この中の記述でも一致するのは大明神山で演奏したということであり、これは動かせない事実のようだということである。

それでは、海軍軍楽隊の記録はどうなっているのか。こちらは出典が明らかになっている。『海軍軍楽隊―日本洋楽史の原典』（楽水会編）は、「西南の役に出征、城山で敵前演奏」と記している。さらに、この本の末尾に収録された「海軍軍楽隊沿革史」には、〈西南ノ役ニ於ケル軍楽隊ノ演奏ニ関スル記録〉が残されていた。

西南ノ役モ勝敗既ニ決シ官軍ハ明日ヲ以テ愈々最後ノ總攻撃ヲ行フト云フ九月二十三日ノ夜恰モ仲天ニハ明鏡一基ガ皎々ト冴エ屍累々トシテ横ハリ鮮血ノ河ヲナシテ悽惨タル戰場ヲ照シ萬籟寂トシテ聲ナク陣営ハ死ノ様ナ静寂サニ支配サレテヰタト思ハレル頃官軍陣地ノ最高所デアル大明神山ノ頂上カラ突然アマリニモ突然喨々トシテ勇マシイ軍樂ガ響イテ來タ半歳以上血腥イ硝煙弾雨ノ中ヲ闘ヒ疲憊シタ魂ヲ抱イテヰルツハモノ共ノ精神ニ敵味方共ニ如何ニ清新ナソシテ甘美ナ鎮魂曲トハナツタデアロウカ

この描写によると、城山最後の夜の西郷隆盛に対する惜別の気持ちは、薩軍だけでなく、夜が明ければ総攻撃をする官軍にも共通するものだった。いまや敵となっても、かつては大将と仰いでいた西郷に、官軍は最大の敬意を表して惜別の奏楽を行ったのである。このあたりにも、西南の役という内戦の、それも主力はたがいに旧薩摩藩士であって、複雑な、割り切れない側面をうかがわせるではないか。

西郷は死の前夜、生きながらにしてレクイエムを奏でられたのである。その軍楽隊は、どのように準備されたのか。また、この大明神山の演奏を両陣営はどう受け取ったのか。これについても、「海軍軍楽隊沿革史」は次のように記している。

コハ官軍ノ計畫デ明治維新ノ大忠臣デアリ陸軍建設ノ恩人デアル前陸軍大将近衛都督兼參議ノ要職ニアツタ西郷隆盛ニ對シ敬意ヲ表シ武士道ノ禮儀ヲツクシテ最後ノ惜別ノ奏樂ヲ行ナイシモノデ鹿児島ニ回航シテキタ軍艦カラ態々戰場ニ招致シテ奏樂セシメタモノデアツタ官軍本営ハ山縣參議ヲ始メ諸將兵士之ヲ聽イテ戎衣ノ袖ヲ絞ツタトイフ事デアル

（三浦俊三郎調ニ依ル）

このとき薩軍からは、軍楽隊の演奏に合わせてフルートが鳴らされた、あるいは村田新八がギターを弾いたというような言い伝えがある、と團伊玖磨『私の日本音楽史』（日本放送出版協会）では紹介している。まったく考えられないことではなく、だれしもそう信じたくなる。だが、真偽を確かめるすべがないのである。

また、官軍本営で戎衣の袖を絞ったという山縣參議は、これまでの恩義に感謝する別れの手紙を城山の西郷に送っていた。

「有朋ガ君ト相識ルヤ茲ニ年アリ君ノ心事ヲ知ルヤ又蓋シ深シ曩ニ君ノ故山ニ歸臥セシヨリ已

ニ数年其間謦咳ニ接スルヲ得ザリシト雖ドモ旧朋ノ感ハ豈一日モ有朋ガ懐ニ往来セザランヤ図ラザリキ一旦滄桑ノ変ニ遭際シ反テ君ト旗鼓ノ間ニ相見ルニ至ラントハ（以下略）」。

山縣はこの手紙を「君幸ニ少シク有朋ガ情懐ノ苦ヲ明察セヨ涙ヲ揮フテ之ヲ草ス書意ヲ尽サズ頓首再拝」と結んでいる。しかし、西郷からの返書は来なかった。

その恩義のなかには、きれいごとだけではなく、汚職が発覚して窮地に陥った山縣が、西郷によって政治的生命を救われたことも当然含まれていたはずである。すなわち、山縣が陸軍省の公金を御用商人に巨額融資した山城屋和助事件である。

それにしても「海軍軍楽隊沿革史」の最後の様子はやはり伝聞であり、わざわざ記述は〈三浦俊三郎調ニ依ル〉との断りが付けられている。三浦は海軍軍楽隊の人間ではない。先駆けて日本の洋楽史を研究して、一九三一年（昭和六年）に『本邦洋楽変遷史』を著したことで知られる。この本にも同じ記述が見られるのだが、根拠となる資料の存在は示されていない。

それに同一の記述が見られる肝心の「海軍軍楽隊沿革史」と、どちらが先行しているのかという疑問も生じる。「海軍軍楽隊沿革史」には成立の年月日が記されていない。

だが、三浦俊三郎の引用など前後の事情から察せられるのは、『本邦洋楽変遷史』よりもあとの昭和十年代だと判断できそうである。『海軍軍楽隊』に収録された写真版で見る限り、「海軍軍楽隊沿革史」の原稿用紙には、罫の外側に「昭和一二年」とあるのが確認される。これは納入業者が、罫とともに印刷したものにちがいない。

そういうことになると、もともと、三浦はどんな史料や調査に基づき、城山の惜別奏楽の情景を書くことができたのか。まっとうな研究者なら、海軍軍楽隊の歴史のひとこまを執筆するには関係史料を渉猟し、当事者から取材をしなければならないはずである。

その一つは、当時の官軍参謀本部陸軍部による『征西戦記稿』という記録だったにちがいない。そこには問題となる九月二十三日の官軍の動きが出ている。

それによると、この夜は確かに官軍は静かだったのである。数時間後に迫った攻撃で、陸軍にとっては大恩ある西郷隆盛を死に追いやるのであり、「夜間ハ特ニ整粛ヲ主トスヘシ」という厳命が出ていた。そして次のくだりが出てくる。

是夜海軍樂隊ヲシテ樂ヲ大明神山ニ奏セシメ又煙火戯ヲ演ス。

官軍は惜別演奏だけではなく、西郷のために花火まで打ち上げていたのである。だが、ここには「海軍樂隊ヲシテ樂ヲ大明神山ニ奏セシメ」とあっても、参謀本部陸軍部の記録には、陸軍軍楽隊の記述は見当たらない。

史料で見る限り、陸軍の軍楽隊は熊本での演奏記録が確認できる。たとえば、「郵便報知」の従軍記者犬養毅は「兵隊の長陣に疲倦したる時、本陣に雄壮渾豪の音楽を奏する時は、三軍の心耳を暢達し、自から其鬱気を散し、凛然として速に進んで敵に当らんとするの胆を張らしむるは、何程の益なるや測る可かざるものありと云ふ」と報じている。

また、官軍側に従軍した喜多平四郎『征西従軍日誌　一巡査の西南戦争』(佐々木克監修、講談社学術文庫)の記述は興味深い。筆者は戦闘で負傷しており、四月十九日の病院での体験である。「本日、皇太后宮、皇后宮ならびに総督宮有栖川公より病院負傷者慰労として、酒肴を賜い、且つ陸軍楽隊をして楽を奏せしむ」。

熊本城では援軍が来るまで籠城していたのだが、兵糧が乏しくなっていた。城内の病院では「城は保つか、兵糧はまだあるか、旅団は植木ですととんとん、よるばっかり、しょんかいな」との俗謡が聞こえたという。そう書き留めていたほどの状況だったが、そんな体験をしただけに、この日の心くばりは負傷した兵士たちの心をひとしお慰め、楽しませるものであったのだろう。音楽はまた傷病兵の良い薬となったにちがいない。

そして、西南の役に従軍した陸軍軍楽隊はこのあと、たしかに鹿児島にも行っていた。同書の六月二十七日のくだりには注目すべき記述がある。

「本日我が隊休憩なり。これに島津久光公は乱を桜島に避けて、もって自若たり。城下市街の人民また士族の家族等も、多く乱を桜島に避けたりとなり。本夜新波止場において、陸軍隊火技〔花火〕を執行す。その場たるや陸を少しく離れて海中に旧台場あり。この所周囲に鬼灯挑燈を二重或いは三重に連線し、その中位において山形に懸け連ねたり。これすなわち陸軍の徽章を表するなるべし。湾には則ち官軍軍艦送船十余艘を泛べ、その点灯、海面に星の降るが如し。また桜島に数個の灯火あって海水に輝き映し、その景況美麗なる事実に絶景なり。縦覧の衆、火技揚がる毎に賛声怒鯨を驚かしむ。陸にはすなわち陸軍楽隊、楽を奏せり。海浜の清風涼気を送って人心を養育す。実に愉快欣然、また有るべからざるの界なり」。

すなわち、官軍はこのとき花火をして、軍楽隊には音楽を演奏させていた。したがって、それから三カ月後に城山に向けて大明神山で奏楽と花火をしたのは、初めてのことではなかったということになる。

この六月の段階で演奏していたのは陸軍軍楽隊だったことに間違いはない。ところが、この日誌を記した喜多平四郎が所属していた別働第三旅団第四大隊は、七月初めに鹿児島から引き揚げを命じられた。陸軍軍楽隊もおそらく前後に同一行動をとったのだろう。

そして、九月二十四日の城山総攻撃の前夜には海軍軍楽隊が登場する。記録に従うと、このような展開となったと理解するしかないではないか。

この夜の同じ大明神山で「指揮をとる陸海軍楽隊長、吹奏する楽員」と、陸海軍合同の演奏として叙述する『陸軍軍楽隊史』の裏付けとなるものは見つからない。まして、陸軍軍楽隊単独の「小篠楽長が指揮するこの軍楽」とは、どのような史料に基づくものだろうか。

一方、海軍軍楽隊の動きについては、鹿児島に回航した軍艦から戦場の城山に招致したという「海軍軍楽隊沿革史」の記述を裏付ける史料も存在する。海軍省『西南征討志』(明治十八年)を見ると、一連の艦船の動きが記録されており、あの夜の三日前の二十日には、輸送船「高雄丸」が「鹿児島ニ入ル」と記されていた。

さらにまた、この記録の巻末に「此ニ従軍ノ人員及ヒ軍料ヲ蒐輯シテ附録ト爲ス」と、海軍の働きに関する詳しいデータが集められ、収録されている。ただし、「其人員ノ若キ艦船ニ乗ル者固ヨリ多シト雖モ賊ノ海ニ出テサルヲ以テ陸ニ従事スル者モ亦少カラス故ニ今假ニ艦船乗員各地派遣ニ分テ之ヲ輯ム」と、断り書きがされている。これは「賊ノ海ニ出テサル」西南の役は陸戦ばかりだったからである。したがって、実際は名簿には記載されている乗員も陸地にいた可能性があり、派遣地別に名簿が作成されたことには留意しておきたい。

この名簿には、「高雄丸」に乗り組む百数十人が記載されている。船長の杉盛道少佐を筆頭に並んだ名簿のなかには軍楽隊が登場する。軍隊組織は階級順なので、最初は楽長の長倉祐庸である。次に楽師の坂口行光、原田貞正が続く。

さらに楽手として次の名前が並んでいる。野元國保、肝付兼直、山崎正家、橋口勝賢、藤崎常行、小倉貞良、寺師信重、佐藤武行、川越秀武、穎川徳道、高江家次、野元清次、野村綱次、溝口末吉、阿部清一、向井沼吉、村上他人之丞、中川安道、阿川省三、三上有智、濱田森安、黒木良清、鎌田政明、谷山成清、田中穂積、平林熊太郎、森友保、櫻井就定、外山利雄、西田貞雄。

以上、海軍軍楽隊の総員三十三人は「高雄丸」に乗り組む人員だった。楽長の長倉は、後に改名した中村祐庸として語られる初代の海軍軍楽隊長である。

三、官軍陣地ノ最高所

海軍軍楽隊が乗り組んだ高雄丸は九月二十日、鹿児島に入港した。彼らの名前は、海軍省の『西南征討志』の乗り組み人員名簿に見ることができる。また、二十三日の西郷隆盛への惜別奏楽も「是夜海軍樂隊ヲシテ樂ヲ大明神山ニ奏セシメ又煙火戯ヲ演ス」と、簡単ながら参謀本部陸軍部の『征西戦記稿』に確認できることである。

この年は九月七日が旧暦八月一日にあたり、おりから、九月二十三日は十七夜の月明かりだった。この情景もまた語られているのだが、日中は雨天だったと記録されている。夜になって、この世の名残りのように月が出たのである。「郵便報知」は現地から犬養毅が「此夜は一天晴れ渡り海面波平にして残月影清く、風物爽涼の秋景」と報じた。

これだけの事実関係が明らかになっているので、まるで芝居や映画のような迫真の場面を後世のわれわれは思い描くことができる。しかし、この一連の場面には二つ肝心なことが抜けているのではないか。海軍軍楽隊が奏楽し、花火を打ち上げたと『征西戦記稿』に記述された「大明神山」は、どこにあるのかがわかっていない。

そして、軍楽隊が奏楽したというだけにとどまっていて、夜明けとともに死を決意していた西郷に贈った楽曲とは、いったい何だったのかが明らかになっていない。

西南の役の幕を閉じた城山の攻防戦は、鹿児島の人間には澱のような苦い記憶になっている。薩摩人の骨肉相食む戦いが終わって、官軍側に立った連中は鹿児島には住むことができず、郷里を去って行った。だから、官軍側の行動は東京に記録が残っていても、鹿児島の記憶には留まらなかったのである。

考えてみると、西郷は自らの戦争のために郷里鹿児島の町を焼いてしまう結果になった。だが、これに触れることは今日なお感情的にタブーのようである。少しでも西郷批判を口にすると、「お前は大久保派か」とたちまち罵られるという話もある。

西郷が生涯を終えた場所の近くに、鹿児島市立西郷南洲顕彰館がある。現在はＪＲの日豊本線が横切っているのだが、南洲墓地、南洲神社とは一帯の地域だといっていい。顕彰館の丘を下りた竪馬場には、西郷の首を洗って、山縣有朋が検分したときに使った井戸がある。このあたりは、官軍本営の出張所があったところでもある。

顕彰館の山田尚二館長は郷土史家であり、もちろん、西郷研究家として知られている。西郷のために軍楽隊が惜別奏楽したことは知らなかったという。「大明神山」という地名も、鹿児島では聞いたことがないそうだ。

それなら、と私はこれまで知り得たことを説明した。そして、現存しない「大明神山」を特定するヒントとなる地形として、「海軍軍楽隊沿革史」の記述にある「官軍陣地ノ最高所デアル大明神山ノ頂上」という描写についても話した。

まず、官軍陣地というのは、西南の役の最終段階では城山に籠もった薩摩軍を幾重にも取り巻くかたちで布陣しており、城山の周りがすべてそうだった。

「海軍軍楽隊沿革史」の記述をそのまま受け取るなら、城山以外にも城山のようなピークが点在するから、そうしたピークのどれかにちがいない。山田館長は「城山はシラス台地が崩れて峰が残ってできたので、同じようなものはいくつもあります」と話す。また、城山に籠もった薩軍に軍楽隊の奏楽が届く距離でなければならない。これらの条件から、その範囲は自ずから狭まってくるだろう。

鹿児島市の地図を見ると、城山はだいたい海抜百メートルである。同じようなシラス台地は後方に広がっており、市街地にもいくつかある。顕彰館がある上竜野町一帯の浄光明寺丘陵も該当するし、北方に続くのは上乃原というシラス台地である。

冷水谷を挟んで城山と対峙する位置にあり、現在は上乃原配水池となっているところに少し突き出ている峰があった。山田館長に案内されて、顕彰館の裏側に出ると、その峰は目の前にあった。そこは城山から北東一キロの地点であり、軍楽隊が奏楽したとすると、西郷らがいた岩崎谷には天から降ってくるように奏楽が聴こえるかもしれない。

地元のお年寄りの話を聞くと、昔は頂上に小さなお宮さんがあって道も付いていた。それで「天神山」と呼んでいたという。しかし、近年ではお宮さんの存在は忘れられてしまい、頂上近くまで違法開発が行われてしまった。さすがにこれは問題となり、現在では中止されて樹木が茂るままになっている。

「天神山」と「大明神山」。たしかに言葉の響きは通じるものがある。あの当時、官軍は地元民が「天神山」と通称している峰の頂上に軍楽隊を派遣して、このことを記録するときに「大明神山」と書き誤ったのだろうか。そこにはお宮さんがあったのだから、軍楽隊が演奏できるだけのスペースは確保できたはずである。

「念のために、ご一緒しましょう」と誘われた。山田館長とともに城山の北側にも「最高所」はないか、と車で見に行くことにした。平地の少ない鹿児島市内は戦後の宅地開発が進められて、城山一帯の山中に分け入ると見事な住宅街が出現する。

ちょっとした峰にも道路は通じており、住宅が建て込んでいる。何も知らずに鹿児島にやって来た観光客が桜島に見ほれ、反対側を振り返ると、城山には緑が保たれているように見える。だが、それは〝外観〟だけなのである。

城山の北側にも、それらしい峰はある。だが、「大明神山」という名前はどこにもなかった。それに、この一帯の方角は城山に籠もる西郷軍の背後を衝くかたちであり、まだ武士道を意識していたであろう官軍の儀礼演奏の場所としては、やはり、気になるところである。

一方、鹿児島県立図書館の司書、山口まゆみさんから重要な情報が得られた。江戸期の絵図や明治期の地図、文献などにあたったところ、「大明神山」そのものはなかったが、城山の北東に諏訪大明神があり、西南には大明神岡が見つかったという。それぞれが城山から二キロの位置にあるので、どちらかが「大明神山」だった可能性は十分にある。

「諏訪大明神」は、文政前後に作られた「鹿児島城下絵地図」に描かれていた。一帯は小高い丘になっている。現在は国道10号を磯庭園に向かう途中の坂道にかかると、左手に樹木が茂る一角に「諏訪大明神」があった。

ただし、この名称は別名であり、一般には南方神社として知られている。軍の神である諏訪大社を崇敬することの篤い島津家と縁があり、地元では「お諏訪様」とも呼ばれてきた。毎年八月二十八日には諏訪市が開かれるのだが、ふだんは人の気配が感じられない簡素なお宮さんで、国道の脇にあっても古社らしく清々しい。

この丘は、城山の岩崎谷に正対する好位置にある。だから、近くの多賀山一帯に官軍の本営が置かれ、参軍山縣有朋が詰めていた。多賀山には島津家が鹿児島にやって来て築いた城跡があり、ここからは城山まで一望することができる。

城山の岩崎谷とは、ほぼ北東に開けている。その方向に視線をのばせば、多賀山の官軍本営なのである。岩崎谷の北側の崖をうがった西郷洞窟は西南の向きにあるから、厳密には西郷さんは横向きになるわけだが、この洞窟の前で最後の宴が開かれていた。「諏訪大明神」から軍楽隊が奏楽したとするなら、音楽は十分聴こえたはずだが、この角度だと、花火はどうやら見えそうにはない。

この南方神社の丘が「大明神山」と呼ばれることがあるのかどうか。地元の人に聞いてみると、「そんなものは聞いたことがない」という返事だった。したがって、諏訪大明神がある山を官軍が「大明神山」と記録したという可能性がないわけではないが、私としては、古い絵図を引っ張り出してのこじつけになることを危惧する。

四、武大明神のある岡

そこで、今度は反対方向の「大明神岡」に注目することにした。この一帯も城山の西郷軍を包囲した官軍陣地の一つだった。東京を引き払って、隠遁した西郷の住まいがあった武村とは、まさにここなのである。「武村吉」と称して百姓姿をした西郷に、下駄の鼻緒を直させた薩摩武士のエピソードもここでのことだろう。

現在の交通の要衝、JR鹿児島中央駅の山側にあたる地域である。丘陵の山腹に建部神社があるため、「大明神岡」と呼ばれたにちがいない。この神社は別名として、武大明神、あるいは大田大明神ともいい、また薩摩弁で「大明神」が訛って「でめ神社」ともいわれた。いずれの呼び方にしても「大明神」がキーワードなのである。

近年は、この丘陵を九州自動車道に通じる国道バイパスのトンネルが貫いている。その出入口は建部神社の真下にあるので、トンネルに神社が乗っかったような不思議な格好を見ることができるだろう。トンネルの開通直後に事故が多発したのは祟りではないか、とタクシーの運転手仲間で話題になったことがあったという。

このシラス台地の頂上は、神社の場所よりずっと上の方にある。坂を上れば武中学校があり、もっと上った頂上は広々としていて長島美術館が建っている。

このあたりがなだらかな頂上の一部であり、錦江湾と桜島が一望できるのは城山と同じである。その城山は、桜島に向かって左手の、甲突川を越えた対岸のシラス台地である。「大明神岡」の頂上は広がりがあり、どこが最高地点になるのか認識しにくいのだが、城山と甲突川に向かい合う北東は崖のようになっている。

はたして「大明神岡」は、西南の役の記録に登場する「大明神山」なのだろうか。鹿児島では、岡といっても、山といっても、崩れやすいシラス台地に残った峰のことを指すのであるから、実体は変わるところがない。

ここはやはり、『征西戦記稿』に「大明神山」という地名が記録された前後関係を調べてみる必要がある。そこで県立図書館の山口まゆみさんが指摘するのは、九月十五日の項である。「鹿児島圍城警備ノ兵ヲ部署スル左ノ如シ」と、次のように「大明神山」が出てくるのである。

武村地方ヨリ大明神山右翼ニ至ル　後備第四大隊　川上少佐
第十三聯隊第三大隊
大明神山ヨリ武町街道及ヒ二本松第二線ニ至ル　第十三聯隊第二大隊
大明神山左翼ヨリ一本松マテ　第十四聯隊第二大隊　奥　少佐
第十一聯隊第一大隊
一中隊

もはや明らかだろう。「大明神山」から城山に向かって右手に、実際にかつての武村がある。

「武町街道及ヒ二本松」のうち、「二本松」という地名は『武郷土誌』に見える。「武町街道」は不明だが、案外、西郷家に接していた武村本通のことかもしれない。

つぎに「大明神山左翼ヨリ一本松」は、その左手に「伊敷村の境なる一本松」と、川崎三郎『増訂西南戦史』(博文館)にも記されている地名である。「伊敷村」の伊敷とは、現在も城山の北方に地名が残っている。

こうした『征西戦記稿』の地名の流れを受け継ぎ、二十三日の項で「是夜海軍樂隊ヲシテ樂ヲ大明神山ニ奏セシメ又煙火戯ヲ演ス」という記述になったはずである。

まぼろしの大明神山とは現在の地名でいうなら鹿児島市武二丁目にあり、「海軍軍楽隊沿革史」で描写された「官軍陣地ノ最高所デアル大明神山ノ頂上」とは、武岡とも呼ばれる丘陵の城山側のどこかではないのだろうか。

この丘陵について、だれもが明確に〝それ〟と認識する名称はないようである。かつての武村にあるから「武岡」と呼ぶのが一般的な使われ方だが、別名を武大明神という建部神社があるから「大明神岡」、そのものずばりの「武大明神岡」という呼称が文献にはあらわれる。

この名称の区別は、とくに厳密にはなされていない。『征西戦記稿』でも十五日のくだりに続いて「十六日克虜伯砲ヲ武岡ニ備ヘ城山ヲ攻撃ス」とある。「克虜伯砲」とは海軍のクルップ砲のことだが、ここでは「武岡」とそのまま使われている。

また、『新編西南戦史』(陸上自衛隊熊本修親会)の付図集によれば、城山に対峙するのは「武丘」と地図上に記入されている。ちなみに、この付図集によって標高を見ると、「武丘」は一二三メートルである。対する城山の二つの峰はひとつが一二六メートル、もうひとつが一〇七メートルとなっている。したがって、海軍軍楽隊の沿革史が「官軍陣地ノ最高所デアル大明神山ノ頂上」と記したのは、そのままの正確な表現だったことになる。

このように「大明神山」という名称は、これまでのところ、西南の役の戦記には記録されていても、地元ではまったくといっていいほど使われていない。

さらに参謀本部陸軍部の記録でも表記が混乱しており、『征西戦記稿』の索引を調べてみると、「大明神山」とは肥後の地名になっている。その一方で、「大明神岡」も載っており、薩摩の武村にあることが記されている。結局、従軍中の官軍は「大明神山」といい、地元では「大明神岡」ともいったに過ぎないのだろう。どちらにしても、城山と同じシラス台地である武村の丘陵を指している。ほかに決定的な史料が見つからない限り、海軍軍楽隊が城山の西郷に向けて惜別奏楽をした「大明神山ノ頂上」とは、武岡の広い頂上のどこかでしかあり得ない。

こちらから北東をながめると、ほぼ同じ高さに城山の稜線が見える。この高さで、城山までの直線距離は、甲突川を挟んで約二キロに過ぎない。城山山中にある岩崎谷の開口部は反対側にはなっていても、西郷洞窟の位置とはやや斜めながら向き合うかたちである。大明神山の心づくしの奏楽は、西郷にも十分に届いていたことだろう。

ここでも先に引用した喜多平四郎『征西従軍日誌』には、興味深い記述があらわれる。負傷から癒えて戦線に戻った喜多は、熊本から鹿児島へと向かった。六月二十六日には、いよいよ鹿児島に入ろうとするときの描写である。

午後一時頃、強雨鹿児島城下に近づき進む。右の向こう仰ぎ見るに、山上に塁壁数個有りて、兵往来す。敵かと見れば官軍なるを察知す。この所を武の岳という。この所は賊軍有つ所なりしを、一昨二十四日、城下の官軍進撃してその塁壁を奪いしものという。また左向こう方はすなわち城山の外れなり。その所を望み見るに竹柵胸壁厳重にして、衆兵遥かに我が隊を窺う。これにおいて当方よりラッパをもって相図す。城山の官軍、同じくラッパをもってこれに答ず。よって我が手第四大隊整列押軍、新上橋より鹿児島城下に入り、城の前なる練兵場に着陣す。

鹿児島の西北方から進軍して来た筆者が見た武の岳とは武岡、すなわち、これまで見てきた大明神山のことである。これを右前方に見ると、左前方には城山がある。

そこでラッパを吹くと、城山からもラッパが返ってきた。この情景は大明神山、城山と彼らの地点が三角形をなしており、目で見える城山とラッパの受け答えができるからには大明神山とも十分に通じ、そして、城山と大明神山の相互にもラッパは十分に響き合うにちがいない。

城山からさらに二キロ北東の多賀山には、山縣有朋の官軍本営があった。仮本営は城山まで一キロほどに迫る。軍楽隊の惜別奏楽は、彼らにも聞こえていたのだろうか。そうでなければ、「海軍軍楽隊沿革史」に記された山縣の涙は空々しいものになる。

もしかして、と想像してみるのだが、大明神山の奏楽はシラス台地の峰峰に響き合って、あちこちから木霊のように聴こえたかもしれない。この夜の官軍には静粛命令が下されていた。そのうえに、当時の日本の夜の静けさは、現代の日本とはまったく異なる世界であった。現代人は、自らの心臓の鼓動が鳴るのを、聴いたことがあるだろうか。また古い記憶として、隣村のお祭りの神楽が耳に残ってはいやしないか、と問いかけるのは流石に古すぎるだろうか。

それはともかく、山縣は、この十七夜の月明かりに海軍軍楽隊の奏楽に涙を流し、打ち上げられた花火を城山の頭越しに見た、ということなのだろう。一方、いよいよ城山で最後の夜を迎えることになった西郷にも同じ月の光がふりそそぎ、岩崎谷には、大明神山から惜別の調べが舞い降りてきた。楽の音の降ってくる夜空を見上げると、山の端から花火が顔を出していなかっただろうか。

その方角とは、つい半年ほど前まで、「武村吉」が家族とともに住まっていて、最後の別れを告げたところでもあった。そして、その家族は戦火を避けて疎開しているのだが、西郷は明日に備えて、真新しい衣装一式を取り寄せていた。

第四章　サツマ・バンド

一、長崎の軍隊行進曲

明治維新の原動力の一つとなった薩摩藩は、その武張ったイメージを裏切るほど、音楽が好きな土地柄である。いまでも薩摩琵琶や民謡で知られているが、何かと集っては「テコシャンセン(太鼓三味線)」の大騒ぎとなる。そもそも、十九世紀の日本にあって、本格的な西洋音楽に最初に飛びついたのも薩摩藩なのであった。

しかし、やがては薩摩藩に結実するまでの前史を語らなければならない。実は、西洋音楽と日本の結びつきは、このときが初めてではない。大航海時代の十六世紀にはキリスト教の伝来とともに西洋音楽が広まりつつあった。

一五四九年、その鹿児島にやって来たイエズス会の宣教師ザビエルは西洋音楽をもたらし、宗教の領域ではグレゴリオ聖歌などが歌われ、日本の音楽史上初めての擦弦楽器ヴィオラを日本人が弾くようになっていた。また、初期の布教活動が行われた西日本では、教会の宣教師やキリシタンだけではなく、来航する南蛮船に乗って来た商人、船乗りたちが西洋音楽を奏でていたことを忘れてはならない。

そして、やはりというべきか、大航海時代の南蛮人たちは表向きの宗教、貿易に潜む異なる側面を持っていた。日本では最初の西洋式軍楽が、この時代に登場していたのである。

顧みるなら、徳川幕府の初期、いわゆる「鎖国」体制をとる大きな理由として、この時代を席巻していたスペイン、ポルトガルの存在があった。一五四三年、そもそも種子島に漂着したポルトガル人が日本に鉄砲を伝えてから、またたく間に鉄砲は戦国の世に広まっていく。この新兵器をどのように国産化して活用をするか、戦国の武将たちは生き残りをかけて知恵を絞ることになった。

その中から従来の戦術、戦法を一変させた尾張の織田信長が、ついに天下に覇権を唱えた。信長は志半ばに倒れたが、その遺志を継いで豊臣秀吉が全国統一を成し遂げる。

鉄砲というヨーロッパ人が持ち込んだ最新兵器が、日本の戦国時代を終わらせたといってもいいだろう。このころの武将たちは、鉄砲には欠かせない硝煙を入手するため、南蛮貿易に意を尽くした。南蛮人と呼ばれたポルトガル人、スペイン人たちは、貿易とともにキリスト教の宣教師を同行していた。このことが後に大きな社会的、政治的摩擦を引き起こすのだが、彼らは鉄砲だけではなく、医学、造船、鉱山などの新技術を伴っていた。

秀吉の死後、天下の実権を握ったのは徳川家康だった。当初は家康も新技術を積極的に導入し、日本で建造された洋式帆船は一六一〇年、ノビスパニア、すなわちメキシコへと太平洋を渡ることに成功した。大勢の日本人を迎えたメキシコから、翌一六一一年、セバスティアン・ビスカイーノが司令官となり、今度はスペイン人が日本にやって来た。

ビスカイーノの一行は二代将軍秀忠に謁見するため、江戸を訪れた。このとき兵士らの隊列三十人がスペインの王旗を翻し、太鼓に合わせて行進した。これを仙台藩の伊達政宗の一行が目撃しており、日本で文献に記録された最初のヨーロッパ式軍楽だった。

一方、長崎でも当時のヨーロッパ式の軍楽が登場する。シャムで日本の朱印船が焼き打ちされたことから、幕府はポルトガル船を抑留した。そこで一六三〇年、マカオから弁明のために特使ドン・ゴンサロ・シルヴェイラが来日した。このとき、長崎での一行は金鎖をつけた兵士らが剣を振りかざし、楽士らは楽器を鳴らして行進した。

江戸でも、長崎でも、彼らは日本人を驚かすには十分だったが、ヨーロッパ人の兵力も軍楽も、この程度だったのである。だから、宗教と貿易とは不可分のものとするスペインとポルトガルは追放され、出島には貿易に専念する「キリシタンではない」オランダ人が留まった。いわゆる「鎖国」体制下にあって、出島の時代は二百年ほど続いた。しかし、この間にヨーロッパの軍楽隊は著しい進歩を見せていた。それは一四五三年にコンスタンチノーブルを征服し、勃興したオスマン・トルコによる軍事的圧力から、キリスト教ヨーロッパが解放されたことによる。一六八三年、ウィーン近郊にまで迫っていたオスマンの軍勢は、ポーランド国王の救援に遭って撤退したのである。

それから、ヨーロッパにはコーヒーという新しい飲み物が流行を見せ、彼らの音楽にもモーツァルト、ベートーヴェンのトルコ行進曲に見られるように軍楽の影響が及んだ。まさにトルコの軍事的圧力とは軍楽隊が象徴するものであり、ヨーロッパ各国は次々に学習することになった。新井政美「トルコ行進曲とトルコ軍楽」(『みすず』通巻四八一号所載)によると、十八世紀前半にポーランド、ロシア、オーストリア、プロイセン各国では、オスマン式の軍楽隊を採り入れて編成するようになった。

オーボエ属、トランペット、太鼓類などによって編成された軍楽隊は、イスタンブールから演奏者が派遣されたという。その影響は十八世紀中にイギリスの軍楽隊にも及んだ。ちなみに、ヨーロッパが恐怖したトルコの軍楽とは、旋律ではなく、その強烈なリズムにあったという指摘は、まことに興味深いものがある。

こうしたヨーロッパの軍楽隊の変貌を、泰平の日本では知るはずがない。ところが十九世紀の初め、一八〇八年、オランダ船を拿捕しようと長崎港に侵入した英艦フェートン号の狼藉事件が起きる。この事件をきっかけに危機意識を強めた長崎では、高島秋帆父子らの西洋兵学が編み出されていく。ここに日本の軍楽隊萌芽の土壌が生まれる。のちに伊豆で同じような洋式調練をした幕臣江川太郎左衛門は、秋帆の弟子にあたる。

そして一八四〇年、清国が阿片戦争で敗れたという衝撃に、高島秋帆は幕府に対して、西洋砲術による兵制改革の意見書を提出した。翌一八四一年には、秋帆は自ら江戸近郊で砲術演習を行なった。この地は現在、東京都板橋区の団地「高島平」として名を残す。

緊迫するアジアの情勢は、オランダからも伝えられた。一八四四年、それまでは商船でやって来ていたオランダが初めて軍艦を日本に派遣した。「パレンバン号」である。

まさに出島に居住して貿易に甘んじていたオランダが、幕末に向かって欧米列強の一国として変身し始める象徴的な出来事ということができる。彼らは開国を促す国王ウィレム二世の親書を携えていた。このときは佐賀鍋島藩と福岡黒田藩が長崎港を警備していたのだが、オランダの兵士たちは堂々と軍楽隊が先導する行進を見せたのである。

その様子は「オランダ国王使節蘭人コープス一行立山役所訪問図」に、かなり詳細に描かれている。これは長崎県立図書館(小曾根文庫)に所蔵されているが、文書では十五人編成となっているものの、描かれているのは十六人の編成である。小太鼓二人が先導し、吹奏楽器があとに続いている。

あまり注目されることはないが、このときこそ、近代的に変身したヨーロッパの軍楽隊が日本に初めて姿を見せたときであった。さらにオランダは、一八五二年、今度は出島の商館長が、アメリカ東洋艦隊の日本遠征を予告する信書を長崎奉行にもたらした。

ついに一八五三年、浦賀沖にアメリカのペリー艦隊が姿をあらわす。高島秋帆はといえば、先覚者の常であるのか、江戸近郊での演習のあと守旧派から讒訴されて獄中にいた。だが、高島秋帆はようやく釈放され、彼の先見の明は広く認められるところとなった。

ペリー艦隊の浦賀来航から一カ月半後、長崎にはプチャーチン提督率いるロシア艦隊がやって来た。ロシアは一八〇四年にもレザノフ全権が長崎に来航したが、このときは幕府によって通商を拒絶されていた。だが、今回のプチャーチンは国書を携えており、強硬だった。そして、彼らもロシア国旗を掲げ、小太鼓が先導する近代的な軍楽隊とともに行進したのである。

ロシア人一行の行進の様子はやはり描かれていた。「プチャーチン一行之図」（長崎大学附属図書館経済学部分館蔵）である。長崎大学がまとめた日蘭交流四百周年記念展覧会『出島の科学』の図版によると、それほど明確ではないのだが、軍楽隊はどうやら十二人編成のようである。同書の説明では、彼らが初めて長崎に上陸した八月十九日の行列である。ロシア国旗を先頭に立て、軍楽隊、儀仗兵、士官が行進しており、これに長崎奉行に渡すための国書が入った赤い箱、そしてプチャーチンが続いている。

徳川幕府は、それまでにヨーロッパの情勢を知らないはずがなかった。オランダ風説書や唐風説書が届いていたのである。しかし、江戸幕府という地理的条件もあって、十九世紀初頭の国際情勢の変化は、長崎であれ、蝦夷地であれ、いずれも遠隔地のことであり、危機を実感するまでには至らなかったようである。

やはり、江戸湾の地である浦賀にペリー艦隊が来航した衝撃が大きかった。こうした事態に幕府がようやく長崎に海軍伝習所を開設したのをはじめ、各藩でも洋式調練に目覚めて、ラッパの使用や鼓隊、鼓笛隊が続々と生まれることになった。

安政二年（一八五五年）、幕府がオランダ人教師団を招き開設した長崎海軍伝習所は、出島に向き合う西役所にあった。ここで十六カ月間行なわれたオランダ海軍大尉ペルス・ライケンによる第一次伝習では、日本人はどのような対応をしていたのか。藤井哲博『長崎海軍伝習所』（中公新書）には、まだラッパではなく、太鼓を信号伝達に使っていたころの様子が描かれている。

「太鼓の実技は二等海兵のヘフティが教えた。全員に太鼓が貸与され、凄まじいぐらいの騒音で十人から二十人の者が終日楽器の音を響かせていた。日本では陣太鼓は侍大将の役であったから、ヘフティも日本人から常に最上位の下士官なみの尊敬を受けていたのは、滑稽であった。ヘフティが特別な尊敬を受けている理由も、オランダ人は知っており、皆ニヤニヤしながら眺めていた」。

それまでの日本の戦さでは、陣太鼓、法螺貝などが鳴らされていたから、ヨーロッパ式の太鼓はそのまま移し替えられたのである。新しい文化との接触には、こうした〝直訳〟も生まれるのだが、もちろん生活慣習の摩擦もある。

当時の日本人の様子について、「ペルス・ライケンが艦内生活で一番気にしたことは、食事時になると水夫が各自コンロを持ち出して炊事をすることであった。また日本人は好きな時、好きな場所で、煙草を吸い、火鉢の炭火でお茶を沸かして飲んだ。オランダ教師団は艦内の火気の取り扱いについて水夫たちを厳しく躾けようとしたが、長年の国民的習慣なので一朝一夕ではなかなか改まらなかった」との記述は、今日にも通じるようで興味深い。

二、「維新マーチ」由来

明治維新は御一新とも呼ばれ、何事も新たな始まりであったかのような印象が後世にはある。しかし、洋楽ひとつをとっても、幕末からの軍事的、音楽的な胎動を見逃すことはできない。徳川幕府が開設した長崎海軍伝習所には薩摩、佐賀藩などからの伝習生がいたが、肝心の江戸からは御家人の関口鉄之助、白石大八が調練の太鼓を習いにきた。その選抜の理由というのが、御鉄砲同心の役目を持つ二人は道楽に馬鹿囃子をやっており、オランダ式の太鼓を習うのにも早く覚えるのではないかということだった。篠田鉱造『幕末百話』（岩波文庫）に出てくる話である。

長崎の海軍伝習所から江戸に戻って、関口は小石川でオランダ式の太鼓を伝授することになった。ここには大名や旗本の子息らが三百人も集まる盛況ぶりで、こんな人数が太鼓を習っていたのだから、何とも騒々しいことだっただろう。

最初に習うのがディンストマルス（早足のとき叩くもの）、次にヤパンマルスである。「これは関口らが長崎で阿蘭陀式から割出して、例の馬鹿囃子を加味したものか。日本人の発明に係わる曲なんです。ヤパンマルス即ち日本軍進行曲といったようなもので」(同書)ということだが、いまとなってはよくわからない。オランダ式の太鼓を馬鹿囃子のようにアレンジしたものなのだろうが、日本の洋楽は萌芽の段階から和洋折衷である。

太鼓の練習曲はさらにコロニヤルマルス、フランスマルス、レジントマルスの三つがあり、これらを合わせて五マルスと称した。こうした長崎海軍伝習所の成果が江戸に持ち帰られ、幕府は築地の講武所で練習させたのだが、慶応年間にはフランス式に変わり、ほどなくオランダ式の太鼓は廃れてしまうことになる。

そして、江戸に攻めのぼる薩摩藩、長州藩を主体とした官軍の進軍には、品川弥二郎作詞、大村益次郎の作曲といわれる「宮さん宮さん」が登場する。この「宮さん宮さん」と合わせて鳴らされるのは、「維新マーチ」と呼ばれている行進曲風の音楽である。堀内敬三『音楽五十年史』によるなら、この曲は「ヤンキー・ドゥードゥル」に似た曲がもとになっているらしい。

> 維新の頃には大藩は殆どみな鼓笛樂を調練に用ひてゐた。俗に『維新マーチ』と呼ばれて現存してゐる鼓笛の曲は、鹿児島藩で『英式』と呼んでゐたものを海軍軍樂隊が後に到つて採譜したので、此の曲節は英國の鼓笛隊が今も奏してゐる曲(〝Yankee Doodle〟に似たも

の）が日本の篠笛で吹かれた爲に轉訛したものらしいから、鹿児島が英國式調練を採用した事と思ひ合わせて是が直接に英國から鹿児島へ入つたのではないかと思はれるが、此の曲は甚だ廣く知られてゐて、幕末の流行歌「野毛の山からノーエ」の旋律が更にその轉訛であるらしい事から考へて、江戸の鼓笛隊も或は此の譜を奏してゐたのではないかとも想像される。

何だか文章も説明もまわりくどいが、この曲はまずイギリス式の調練を受けた薩摩藩に伝わったらしい。それが「維新マーチ」に転訛して広まり、また「野毛の山からノーエ」にも転訛しているようなので、江戸の鼓笛隊も演奏していた可能性がある。このころに「英式」と呼ばれていた薩摩藩の鼓笛の曲を海軍軍楽隊が採譜したところ、イギリスの楽隊が演奏している「ヤンキー・ドゥードゥル」に似たもののようであった。その曲を日本の篠笛で吹いたことから、「維新マーチ」にどうやら転訛したのだろう、ということなのである。

なお、笠原潔『黒船来航と音楽』（吉川弘文館）には、泰平の夢を破ったアメリカ艦隊が来日したときの軍楽隊の活躍が描かれている。それによると、一八五三年（嘉永六年）七月、久里浜に上陸したペリー一行に随行する軍楽隊が演奏した曲目の中の一つとして、「ヤンキー・ドゥードゥル」が米側の記録に見られるという。

また、ペリーに応対する幕府役人のほか、薩摩藩士たちも諜報活動に来ていた。彼らが「太鼓の打ち様、トントントントントントントトトトン」と報告しているとは興味深い。

翌一八五四年にもペリー艦隊はやって来た。今度は横浜に上陸することになった。ここでも「ヤンキー・ドゥードゥル」が演奏された可能性は大きい。そうだとすれば、これに似た薩摩藩の「英式」だけではなく、横浜に伝わる「野毛の山からノーエ」という民謡、野毛山節はこちらからの転訛だったという可能性も出てくるだろう。野毛山節は、野毛山の下にあった外国人居留地の兵士たちの調練をはやしたものともいわれている。

これと似たものとして「富士の白雪ァ　ノーエ」とうたう農兵節がある。こちらは静岡県三島市の民謡である。伊豆韮山で、幕臣の江川太郎左衛門が農民の若者たちに洋式調練をしたときの即席行進曲ともいわれる。野毛山節でも農兵節でも、どちらが先にせよ、何らかの外国の影響を受けていることは明らかなのである。

それはともかくとして、堀内がオリジナル曲に似たものと見ている「ヤンキー・ドゥードゥル」は、どんなメロディーだったのか。このタイトルの曲は、一般にアメリカの民謡だと伝えられている。だが、ことはそんなに単純ではないようだ。「アメリカン・ブラスバンド・ジャーナル—金管合奏によるアメリカ吹奏楽史の一断面—」（ＣＢＳソニー、２５ＡＣ　６５）というレコードの解説書（赤松文治筆）によれば、この曲は「ヘイル・コロンビア」と同じく独立戦争のときに作られた軍歌なのである。

それも「原曲はイギリス軍の軍歌ですが、アメリカ軍の士気を鼓舞するために、シャックバーグ軍医がその旋律に『ヤンキー・ドゥードル』の歌詞を付けて出来上ったのがこの歌です」と記されている。つまりは、アメリカで付けられた歌詞のタイトルがポピュラーになったとはいえ、この曲の元をただせばイギリス生まれということになる。

さらにはアメリカの吹奏楽史そのものも、イギリスの軍楽隊に起源を求めることができるだろう。これについて、やはり解説書には「アメリカに初めて吹奏楽が導入されたのは十八世紀の中頃で、一七六八年にカナダに駐屯していたイギリスの二つの連隊軍楽隊が、ボストンに進駐して来て演奏会を開いたのが嚆矢と言えるでしょう」とあり、同じイギリスを手本にアメリカが日本より百年先行していたということもできる。

そういうことだから、アメリカの初期の軍楽隊史は、このあと日本がたどった軌跡とはどこか重なり合うところがあるようだ。解説書は、こう続く。「これらのバンドは約二年間ボストンに駐屯し、たびたび演奏会を開催してたいへんポピュラーになり、そのコンサートはローヤル・アメリカン・バンド・オブ・ミュージックと呼ばれました。当時のバンドの楽器編成は、オーボエ、バズーン、クラリネット、ホルン、ドラムなどから成る小編成のものでした」。

こう見てくると、アメリカの独立戦争と吹奏楽の歴史で「ヤンキー・ドゥードゥル」の果たした役割の筋が通るのだが、別の説ではもっと複雑になる。「アメリカン・ジュビリー エリック・カンゼル指揮、シンシナティ・ポップス・オーケストラ」（テラーク32CD―80144）の解説によると、この曲の成立事情がはっきりしないのである。

すなわち、この音楽が「どこで生まれたか、詳しいことはわからない。イギリス諸島、ハンガリー、あるいはスペインのバスク地方などがこの曲の発祥の地ではないかと考えられてきた。タイトルもまたミステリーである。というのは、『ヤンキー』は明らかにニュー・イングランドのことをさしているのだが、『ドゥードル』の意味は誰にもわからないからである」（デイヴィッド・ロウブル／訳：塩川京子）というではないか。

それなら、何がわかっているのか。「実際にわかっていることは、《ヤンキー・ドゥードル》はこれらの海岸でイギリス訛りで歌われたということである。というのも、一七六〇年代イギリス人はこの歌の嘲りを含んだ歌詞でもって植民地の住民いじめをしていたからである。イギリス軍は一七六八年彼らの軍艦がボストン港に入った時この歌を歌い、また一七七五年増援部隊はこのメロディーにあわせてボストンからレキシントンに凱旋した。ただの厄介な謀反ぐらいに思っていた運動を鎮圧しようとしてである」。この箇所は年代的に見て、先に引用したカナダから駐屯してきた連隊の軍楽隊のことを指すのだろう。

しかし、「同じ年に出たイギリスの最初の版では、その曲は《ヤンキー・ドゥードル》というタイトル、ないし(ニュー・イングランドの聖徒たちに名付けられたので)《レキシントン・マーチ》、サブタイトル《西部地方のまのびした調子と訛りで、鼻声で歌うべき歌詞》とされている」ということである。そうなると、この由来がはっきりしない曲をイギリスはイギリスで自分たちの歌詞を付けてうたい、戦争相手のアメリカもアメリカで自らの士気を鼓舞する歌詞を作ってうたったということなのだろうか。

三、アルプス一万尺の謎

「ヤンキー・ドゥードゥル」の来歴を追っていくと、この曲は幕末の日本でアメリカの軍楽隊だけではなく、イギリスの軍楽隊もまた演奏していたと考えてもおかしくはない。そして実は、現在でも多くの日本人に親しまれているのである。

前述したようなアメリカの吹奏楽史とはまったく離れて、「ヤンキー・ドゥードゥル」のメロディーは、「アルプス一万尺」の歌詞で知られる山男の愛唱歌になっている。だれとは作詞者はわからないが、だいたい次のように歌い継がれてきた。

アルプス一万尺
小槍の上で
アルペン踊りを
踊りましょう(ヘイ)

ランラララ　ラララ
ランラララ　ララ
ランラララ　ララララ
ラララララ

この曲、この歌と知ってしまえば、新たな疑問が生じないわけではない。堀内敬三が指摘した「ヤンキー・ドゥードゥル」すなわち「アルプス一万尺」らしきものと「維新マーチ」は、はたして、二十一世紀の日本人にはオリジナルと見られる曲の転訛として聴こえるだろうか。仮りにそうだとしても、日本風に転訛された音楽が「維新マーチ」と称されながら、これが鳴らされて行進する官軍の足並みがそろったかというと、ヨーロッパの軍隊のようには決して行かなかったはずである。

このような点を含めて、百数十年前の日本人が「ヤンキー・ドゥードゥル」を聴いて、それを当時の音感でたどったのが「維新マーチ」だとするなら、その転訛の仕組みはまことに興味深いものがある。西洋音楽を日本音楽にしてしまう音感のブラックボックスが、これまで音楽学者によって、どこまで解明されているのかどうか。

何千年もの年月に育まれてきた民族の文化には、人類に普遍ではない固有の言語とともに、音を聴く耳が、それぞれの言語によって異なるということはないのだろうか。中学校に入学した生徒たちが初めて英語を学ぶようになり、だれもが不思議に思うことがある。それは日本語と英語は言葉が違うとしても、動物の鳴き声まで違うことである。

同じ動物が鳴いているはずなのに、日本語で育まれた日本人の耳には、犬はワンワン、猫はニャーニャー、鶏はコケコッコーと鳴くに決まっている。ところが英語では、犬はバウバウ、猫はミウミウ、鶏にいたってはコッカドゥードゥルドゥーになってしまう。これは動物の鳴き方が国や地域によって異なるというより、その言語を使う人間の聴き方、あるいは、その言語に馴らされた耳の聴こえ方が異なるのである。

角田忠信『日本人の脳』（大修館書店）が、音楽家から大きな反響を呼んだのは、世界中の人間は音楽を右脳で聴いているのだが、日本人に限っては左脳で音楽をも聴くということだった。人間の左脳とは言語機能を司るところであり、日本人は自らの言語も、音楽も、動物の鳴き声も、虫の音も、ここで聴く。これは、どういうことなのだろうか。

関係があるのかどうか。興味深いことに、日本の伝統音楽はすべて唱歌《しょうが》と呼ぶ一種の擬音言語を口にすることによって音楽をも習得してきた。別に歌詞はあっても、たとえば鼓はテンツクテンンテン、三味線はチントンシャンというように、言葉による唱歌の音楽への影響が大きい。このことは日本の音楽の特徴として、もっと強調されてもいい。

さらにいうなら、自ら聴いて心地よいと感じることによって育まれた日本人の音楽は五音階が基本として組み込まれている。その日本人の音感は、はたして、ヨーロッパから移入された七音階を正確にとらえることができるのかどうか。

有史以前から日本語を使ってきた日本の学校では明治時代から西洋音楽を教育しており、理論的には七音階を把握しているはずである。だが、その聴覚は本能的に七音階を五音階に転訛しているかも知れず、歌うときは七音階がいつの間にか五音階になっていないだろうか。そんな例は、欧米の曲を日本人がカラオケで歌うとき、案外と身近に見つかるものである。

したがって、かつて堀内敬三が指摘したように「維新マーチ」のオリジナルと見られる曲が「ヤンキー・ドゥードゥル」に似たものだとしたら、日本人の音感が転訛の鍵となるだろう。当時の日本人の歩行は「ナンバ」が基本だったから、そのような身体の動作に基づくリズム感もまた、転訛の過程には反映されているにちがいない。

そこで奇妙なことながら、そのようなヨーロッパの軍楽の転訛が「維新マーチ」だとすると、この曲を聴いて、私が感じるのは「ナンバ」で歩くトルコの軍楽のことである。

日本にトルコの軍楽が突如として知られるようになったのは、あるテレビドラマに使われてからだった。それまで日本人がほとんど聴いたことがなく、それでもどこか親しみのある音楽は大きな反響を呼んだ。あの曲の正体とは、トルコに古くからあった陸軍行進曲「ジェッディン・デデン(祖先も祖父も)」である。

そもそもヨーロッパの近代的な軍楽は、前述したように、トルコの軍楽から強い影響を受けている。そのヨーロッパ─アメリカの「ヤンキー・ドゥードゥル」が、日本人の音感によって転訛された結果が「維新マーチ」になったとしよう。

だが、私の耳には原曲よりも、おおもとのトルコの軍楽に近い印象なのである。これはもしかしたら、日本人の音感によって、学んだはずのヨーロッパの軍楽がトルコの軍楽へと先祖返りしてしまったということなのだろうか。

四、選抜された伝習生

幕末維新期の本格的な西洋音楽の教育は、薩摩藩の活動から始まった。そのきっかけとなったのは薩英戦争である。錦江湾内で英艦隊の軍楽隊を実際に聴き、これを導入しようとしたと伝えられている。のちに大明神山で海軍軍楽隊を指揮した楽長中村祐庸は、このときに選抜された軍楽伝習生の一人だった。十八歳、当時は長倉彦二と名乗っていた。

薩摩藩は薩英戦争後に誼みを通じたイギリスに教師を依頼した。これを受けて、横浜居留地の軍楽長ウィリアム・フェントンが明治二年(一八六九年)から手ほどきをする。

フェントンは明治維新後の曲折を経ながらも、明治四年、薩摩藩の軍楽伝習生を主体に創設された日本の軍楽隊を引き続いて教育した。その一年後、軍楽隊が陸軍と海軍に分かれてからは、海軍軍楽隊の指導を受け持った。

おりしも西南の役が勃発した直後の明治十年三月三十一日に、フェントンはその契約が満了して任期を終えることとなった。彼自身は引き続き任務を行う意思を持っていたが、なにしろ、このころの外国人教師は破格の高給であった。

翌月、フェントンは横浜港から夫人の祖国アメリカへと向かった。このときから、あの薩摩藩軍楽伝習生から引き継いだ海軍軍楽隊は独り立ちしたのである。

このように薩摩藩とイギリスが結びつく、そもそものきっかけになったのは一八六二年(文久二年)の生麦事件だったということができる。この事件とは島津久光の行列を馬に乗ったままで横切り、日本の作法を無視したイギリス人を薩摩藩士が殺傷したものだが、その賠償金をめぐって薩英関係は緊張し、交渉は不調に終わった。

当時のことだから、あくまでも話し合いを尊重し、平和的な解決を図るということにはならない。ついに翌年七月、七隻の英国艦隊が鹿児島の錦江湾に集結し威嚇した。これを薩摩軍は砲撃し、双方は砲火を交えたのである。この薩英戦争には、のちに維新、明治の激動の時代に活躍する大久保利通、西郷従道、大山巌、東郷平八郎らが参戦した。

西郷隆盛の名前はどこにも見当たらない。そのはずである。このとき、彼は徳之島から沖永良部島へと二度目の島流しにされていた。その間の出来事だった。

戦闘は装備に勝る英艦隊が圧倒的に優勢だったが、薩摩側の臼砲が旗艦「ユリアラス」号に命中して、ジョスリン艦長以下十人が戦死した。そのために「ユリアラス」号は水葬の礼を挙行したのである。悪天候ながら海上に漂ってきた軍楽隊の奏楽に、敵ながらも、薩摩藩は心を惹きつけられたというのである。

これをきっかけとして、薩摩藩はそれまでにも試みられていた洋式調練の鼓隊や鼓笛隊より、もっとにぎやかで勇ましい軍楽隊の導入をめざした。このあたりのことは、公爵島津家編輯所が編纂した『薩藩海軍史』下巻に、次のように記されている。この中には薩摩藩らしい事情もうかがえる。

慶應三年三月、薩藩に於ては能方役者をして、陸軍樂隊を兼務せしめたり。
明治二年六月、樂隊の服制を定む。常備隊の者は總て断髪戎服にして左腕に赤地を以て輪印を爲し、豫備樂隊は断髪にして戎服は勝手たるべしと為せり。按するに當時樂隊と稱したる者は、現今の軍樂隊の如く完備したるものにあらず、單に大小の太鼓及び横笛のみにて、所謂鼓隊と稱したるものなり。
同年、(月次不詳)薩藩より音樂生徒約三十名を横濱に派遣し、西洋音樂を傳習せしめたり。

薩摩藩の楽隊には能役者も動員されていた。その楽隊の楽器編成とは太鼓と横笛だったから、それなりに納得はいくだろう。しかし、イギリスに学ぶ本格的な西洋音楽の軍楽隊は、新たに選抜される若者たちに期待がかかっていた。国父である島津久光直々の支援もあって、まずは軍楽伝習生二十人の若者が選抜された。さらに十人ほどの追加があり、三十人の編成がとられることになった。

このときに鹿児島から東京へ向かった軍楽伝習生の中村祐庸は、その様子について、半世紀も過ぎた大正十一年(一九二二年)に回顧していた。これは小田切信夫『國歌君が代講話』に収録されている五月十日付の手紙であり、次のような内容となっている。

國許を出發せし時の船は英國の商船にて、國許出帆後四日間にて横濱に着し、神奈川驛海岸に上陸し、其の晩は神奈川の旅宿に一泊、翌日同所出發、同日神田橋際に在りし島津家の屋敷に着し、其後軍樂傳習の爲横濱に派遣せしは、十月の初旬續いて傳習を初め申候、稽古場所、初一ケ月位は横濱元町に在りし寺院に止宿、其の後北方の法華宗妙香寺に轉居し、傳習の終迄其の寺に在仕致居候軍樂器は横濱着後、教師フエントン氏、直接に英國ロンドンに在りしベッソン會社へ注文せられたる様存候、およそ六ケ月位にて着し申候、夫迄は樂譜の傳習と、鼓隊に使用せし喇叭・太鼓・笛等の稽古を致し、軍樂器に就いての傳習は樂器到着後に御座候

彼ら軍楽伝習生が横浜に赴いて、フェントンに西洋音楽の教育を受け始めたのは、明治二年（一八六九年）のことだった。あの生麦事件、薩英戦争は六、七年前の出来事だったから、こんなにも時代は急速に動いていたのである。

フェントンが横浜居留地で軍楽隊を率いていたのも、もとはといえば、生麦事件がきっかけだったといえなくはない。すなわち、開港場だった幕末の横浜には、一八六三年（文久三年）以来、常時千人を超える英仏軍が駐屯していた。フェントンは一八六八年（慶応四年）四月、イギリスの第十連隊第一大隊軍楽隊長として、家族とともに横浜に到着していたのである。

この駐屯は前年の生麦事件に対する償金支払いをめぐる緊張が背景にあり、実際、前述した薩英戦争を招くこととなった。直接の武力行使だけではなく、軍事力の駐屯それ自体が威圧としての効果がある。英仏両国はそれを狙っていたわけだが、名目は居留民とその財産の保護を理由にしていた。

この状態については、徳川幕府は老中の書簡でしばらく認めていた。しかし、その後の撤退要求を英仏軍は拒み続け、駐屯を既成事実化していったのは、あの当時の彼らの常套手段である。このあたりの事情は、当時、英仏が横浜を上海と変わらぬ植民地状態と見なしていたためであるにちがいない。

さて、薩摩藩の軍楽伝習生たちは東京に集合していた。ほどなく、横浜の妙香寺に移ることになった。それまでの彼らは模造洋楽器を使って予習していたのだったが、明治三年(一八七〇年)になって、待ち望んでいた本物の洋楽器が英国から到着した。いよいよ、日本で初めての本格的な西洋音楽の手ほどきが始まるのである。

教師フェントンの指導ぶりや彼ら軍楽伝習生の様子について、「いやはや六十年も前の事で私が十四歳、中村がたしか十八歳の頃ですからもう忘れてしまひました」といいながらも、高崎矢一郎が思い出して語った記録がある。前掲書から引用する。

フエントンについて習つた頃は、初は右向け左向けの調練と信號ラッパの吹き方位でしたが、明治三年に音樂器が參りましてから軍樂を習ひました。鹿児島にゐます時に断髪令が下り陸海軍に従事する者は斷髪すべしと言ふ事でしたので髪だけはチョンマゲではなかつたのですが、服装に至つては誠に珍妙なものでした。

先づ羽織の前を釦で止め、股引を膝までまくり、刀をさし、たしかに薩摩藩士であるという證明を刀の先にぶら下げ、關門内に入る時には(居留民を斬りでもすると國際的の問題を起すから一々しらべたものです)刀の先を一寸動かして、そのしるしを見せては這入つたものです。それから素足に草鞋をはき、尚腰に用心の草鞋もぶら下げ、そのいでたちでフリユートなど手にしたものでした。

高崎はのちに能行と名前を改め、海軍軍楽隊長になっている。昭和六年(一九三一年)に亡くなっているので、その直前に聞いた貴重な回顧談である。明治新政府ができて間もないころであり、薩摩藩軍楽伝習生の格好は折衷というよりミスマッチの妙味があったというべきか。それでも、ようやく若きサムライたちは西洋音楽の楽器を手にした。

「えゝ無論五線上に書かれた音符で習つたのですが何しろ速成ですから中々辛いものでした。御承知の通りフエントンは英人ですから英國の音名で教へますし、次に來たエツケルトは獨人ですから、獨逸の音名で教はつたのでBなど弱つたものです」。

エッケルトとは、フェントンが任期を終えてから、海軍軍楽隊が独り立ちしていた期間を置いて、新たに招かれたドイツ人音楽教師エッケルトのことである。彼の登場については、後述することになるだろう。

伝習生たちの中には二十歳代が二、三いたとしても、ほとんどが十代の若者であった。冒頭に高崎がいっているように、本人は十四歳、中村祐庸は十八歳である。「皆血気盛りのものが刀をさしてゐるのですからたまりごとはありません。妙香寺の柱へむやみに切りつけて困つたと、只今浅草邊に生きてゐるその時の坊主が話してゐたさうです」。現代でいえば、中学生、高校生たちの集団ではないか。そんな若者たちがブラスバンドの手ほどきを受けている、と考えるのが実情に近いようである。

五、陸海軍軍楽隊の発足

若い日本人たちが西洋音楽を演奏する珍しい光景は、「サツマ・バンド」として、横浜の外国人の注目を集めた。J・R・ブラックの『ヤング・ジャパン―横浜と江戸―』第三巻（ねずまさし、小池晴子訳）では、次のように報告されている。

薩摩の軍楽隊──近年、横浜と東京で、イギリス陸戦隊の軍楽隊の演奏で陽気になる機会がしばしばあった。一八七〇年には、国内で洋楽器を相当に演奏出来る日本人は一人もいなかった。第十連隊の軍楽隊長フェントン氏は、数名の薩摩人の教育を引き受け、すでに洋式に作った日本製の横笛、ラッパ、太鼓などで始めていた。ところが七月三十一日に、藩主がロンドンから帰り、その際、ディスティン商会から一楽隊に要する最高級の連隊楽器を一揃え持って来た。また九月七日には当時「薩摩軍楽隊」と呼ばれていた若い軍楽隊が、宵祭りに公園で演奏した。

この翻訳については、見逃すことができぬ何カ所かの誤訳が指摘されている。中村理平『洋楽導入者の軌跡─日本近代洋楽史序説─』(刀水書房)は、いくつか注意を喚起しており、かなり言葉の意味が異なってくる。「数名の薩摩人」という訳の原文は、a number of Satsuma men だから「相当数」であり、「藩主」とは The Chieftain と船名のことである。

こうして「サツマ・バンド」は順調に育っていったようだが、フェントンを困らせることや肝心の音楽についての問題もあった。続きを引用してみよう。

料金受取人払

神田局承認

5395

差出有効期間
平成17年11月
30日まで

郵便はがき

101－8790

007

東京都千代田区西神田
２－４－１東方学会本館

株式会社 朔北社

愛読者カード係　行

●小社の本はお近くの書店にてご購入いただけます。

●お急ぎの場合や直送をご希望の方は下記にご住所・お名前・電話番号・ご注文書籍名・冊数・本体価格をご記入下さい。通常一週間前後でお手元にお届けいたします。

●お支払いは郵便振替用紙を同送いたしますので商品が到着次第お振り込み下さい国内は送料無料です。(配達日指定の場合は送料実費でいただくことがあります。

注文書

ご住所（〒　　　　）

お名前　　　　　　TEL

書名	冊数	本体価格

朔北社　愛読者カード

皆さまのご意見・ご感想をおきかせ下さい。今後の出版の参考にさせていただきます。

ご住所	フリガナ 〒		
お名前	フリガナ	ご職業または学校名	年　月　生まれ 1. 男 2. 女（　　）才

この本の書名

お買上の書店名 と市町村名		お買上の年月日 年　　月　　日

ご意見・ご感想

お買上げになった理由：　○でかこんで下さい

おうちの方に選んで頂いた　　・店頭で見て自分でえらんだ

友人や知り合いにすすめられて　　・その他の理由　（　　　　　　）

広告を見て　（　　　　　　　　）・書評を見て（　　　　　　　）

あなたがよく読む雑誌	
あなたの好きな本（絵本も含む）	

ご協力ありがとうございました。

第十連隊が退去することになっても、フェントン氏は日本政府から滞在延長契約を受諾していたので、残った。長い間、ほとんど彼の生徒はみんな薩摩藩の者で、そのなかには、音楽家として秀れた者もいた。ところがフェントン氏の困ったことには、彼らは少しでも進歩が目立って来てフェントン氏がその演奏にいくらか満足すると、彼らは召集され、それっきりになってしまう。しかも、日本人は軍楽隊が好きだといっているが、大部分はまだ音楽が「さっぱりわかっていない」のである。

せっかくの軍楽伝習生は少しでも音楽ができるようになると、どこかに引っ張り出されていなくなってしまう。軍楽隊の役割は十分に認識されていて、日本の近代的な軍事調練のために大いに役立てようとしている。だから、日本人は軍楽隊が好きなのだが、軍事から離れた音楽そのものは理解されずに置き去りである。

それでも、「サツマ・バンド」の動きは、横浜の外国人を驚かせるに十分だった。彼らはまた、日本の公文書「海軍軍樂隊沿革資料」に記録されている。

前掲書から引用をすると、「是ヨリ先明治二年九月鹿児島藩兵ノ上京シテ神田橋ニ屯在スルノ日三十二人を以テ一隊ヲ編シ横濱屯在英國第十番聯隊樂長フエントン氏ニ就キ軍樂ノ傳習ヲ為サシムルコト凡ソ一年間其間傳習ノ樂譜ハ僅ニ英国女王ヲ祝スルノ曲、早行進ノ譜遅行進ノ譜及君が代等ニ過キス」と描かれている。

ここに出てくる「君が代」とは現在のものではなく、フェントンが日本も近代国家たらんとするならば儀礼に欠かせないと作曲した、初代の「君が代」である。すなわち「英国女王ヲ祝スルノ曲」とは英国国歌であって、これに対応するものと理解すべきだろう。

ほかに軍楽伝習生のレパートリーは「早行進ノ譜遅行進ノ譜」という行進曲があるが、中村洪介『近代日本洋楽史序説』(東京書籍)は具体的な曲目を「ファーイースト」の記事から列記している。英国第四十二スコットランド歩兵連隊のクイック・ステップ「古きガリアぶり」、英国第十(北部リンカーン州)連隊の「リンカーンシャーの侵入者」などである。

これらを多いと見るか少ないと見るかは別としても、ゼロから音楽を始めた若者たちの一年間の成果だった。ここまで教育をされていた「サツマ・バンド」なのだが、帰藩を命じられて鹿児島に引き揚げる。彼らは郷里でも習得したレパートリーを繰り返し演奏していたという。しかし、そんな「サツマ・バンド」は再び上京する。

このあたりの事情は、長倉彦二と同じ薩摩藩軍楽伝習生だった四元義豊の回想でうかがえる。四元はのちに陸軍軍楽隊長、近衛軍楽隊長もつとめた。明治二十四年七月の「音楽雑誌」第十一号に「本邦欧式軍楽の来歴」を次のように語っている。

当時伝習を受けし処の楽譜は日本礼式（即ち当時編制の君が代）英国行進譜及び徐行進譜等僅々四五譜に止れり然れども陣太鼓法螺貝の当時に在ては稍誇るに足れるなり而して彼等徴兵皈藩の後藩主は更に第一音楽隊第二音楽隊の二隊を編み前の伝習生をして其が教授と為られたり、次て翌年四月薩長土の三藩更に御親兵を仰せ付けられ鹿児島藩よりハ四大隊四砲座上京する事となれり一、三の大隊には音楽隊一隊づゝを附して上京せしめられたり此れ是の東京に欧式軍楽の鳴り出せる初音にして以上は総て鹿児島藩主の管する処なり

東京にやってきた薩摩藩の若者たちは、兵部省に所属していた。ところが、明治四年（一八七一年）七月の廃藩置県後、兵部省には陸軍部、海軍部が設けられる。その結果、これまでずっと同じ軍楽隊であったのが、陸軍に教導団楽隊、海軍には海兵隊楽隊として分割されて所属することになったのである。

このうち海兵隊楽隊の教育は、薩摩藩軍楽伝習生の指導をしていた英国のフェントンが引き続いて担当した。イギリス式の海軍に対し、陸軍は旧幕府以来のフランス兵制を採用したため、

教導団楽隊の教師には新たにフランス人のダグロンが招かれた。

そのような経緯から、海兵隊楽隊は薩摩藩以来の軍楽伝習生が中心となり、長倉彦二が初代の軍楽長となる。一方の教導団楽隊は、薩摩藩から後の陸軍軍楽長四元義豊ら数人が移籍したものの、海兵隊軍楽隊にやや後れをとっての発足となった。

六、江戸の洋楽事始め

この時期のフェントンの指導ぶりを伝える証言がある。軍楽隊初期の隊員のひとり中川安道が語った回想で、昭和十二年(一九三七年)に、新交響楽団の機関誌「フィルハーモニー」第十一巻第三号に掲載された。「楽壇拾遺集その一」として、「慶應二年の皷手に軍樂創成期を聴く」と題されている。

「散浪漁人記」とあるのは、トロンボーン奏者の大津三郎が聞き手として記述したからである。大津はチェロも弾き、詩人の宮沢賢治に三日間の手ほどきをしたことで知られているが、写譜もまた得意としていた。そのような大津を相手に、中川は語っている。

「最初注文した樂器の中にバズーンがあつたのだが、教師のフエントンが日本人の身體にはバズーンは無理だ。これを吹くと生命がなくなる、と云つて、バスキヤーネツトと取り換えたのだ」「五線紙なんてものは無かつたし、第一西洋紙と云ふと、薄いノートの紙みたいなのしかなかつた。裏打ちをしないと譜見臺にものらなかつた。フエントンが毎晩、おそくまで起きて居て、一々五線を引いて譜を書いて呉れたものだ」。

当時の事情の一端がうかがえて興味深い記述だが、吹奏楽と日本人の体力の問題とは、今日でもまったくなくなった、とはいい切れないだろう。なお、ここに出てくるバスキャーネットとはバス・クラリネットのことで、中川が受け持った楽器である。

中川安道は、実は薩摩人ではない。安政元年（一八五四年）生まれの江戸っ子だった。したがって、その回顧談は、薩摩人によって語られる軍楽隊の歴史とは一味異なっている。彼はまた、江戸に薩摩藩の楽隊がやって来るまでの様子を回顧している。それから、中川自身の洋楽事始にも耳を傾けてみよう。

「私は、慶應二年、十三歳の時、三崎町にあつた講武所に入つて小太鼓の稽古を始めた。幕府にはその頃、ペルリが献上して行つたバリトンだのクラリネツトだのあつたけれど、誰も使はなかつた。講武所へ通ふ傍、音羽の玄覺寺前に邸のあつた、渡邊と云ふ旗本が、砲術や兵學の指南をして居たので、其處へ通つて、犬養と云ふ太鼓の名人に就いて稽古をした。指南書がちやんとあつて、それで稽古をした。傳通院前のかりがね屋と云ふ本屋で刷つたものだが、惜しい事に震災でみんな焼いてしまつた。」

こうした江戸の洋楽風景は、すでに『幕末百話』で見てきた通りである。馬鹿囃子を道楽とする御家人の関口鉄之助、白石大八の二人が、長崎の海軍伝習所で習得してきたのが始まりだった。また、そのころの幕府にはペリーが献上した「バリトンだのクラリネツトだの」があったというではないか。だれにも使われずにいたと中川は回想しているのだが、現在、こうした楽器はどこかに保存されているのだろうか。

このころ、江戸では、砲術や兵学を指南する旗本のところでは太鼓を教えていたという。この指南書は印刷されており、それで稽古をした中川は震災前まで保存していたようだ。同じように震災で多くの資料を失ったと、あの高崎能行も語っていた。その震災とは大正十二年(一九二三年)九月一日の関東大地震である。

「太鼓はもう今と大差のない半太鼓だつた。ピーヒヤラヒヤーの笛入りはもつと後で、私達のやつたのは、太鼓だけで、集合でも、解散でも、馳け足でも、止れでも、みんな太鼓だけでやつたのだ。ロツペルと云つてね……」「そのうちに喇叭がやつて來た。佛蘭人の教師もやつて來た。太鼓も喇叭も歩兵隊に付いて居て、太鼓手は上衣の襟に赤筋、喇叭手は襟に青筋が入つて居た」。

ここまでの中川の話は、まだ徳川将軍がいた江戸時代なのである。オランダ式の太鼓から始まって、笛が入り、ラッパがやって来る。まず鼓隊、つぎに鼓笛隊になっていく日本の軍楽の姿が語られている。江戸は将軍のお膝下だから、徳川幕府に肩入れしたナポレオン三世のフランスからは、音楽教師がやって来る。

このフランス人教師とは、日本最初のラッパ教官ギュティッグのことだろう。中村理平『洋楽導入者の軌跡』によると、彼は総勢十五人から成る第一次フランス軍事顧問団の一員として、慶応二年(一八六七年)一月に来日した。ギュティッグから教えを受けた伝習生の一人には、のちに陸軍軍楽隊の楽長となる小篠秀一がいた。

小篠については、すでに本書で見てきたように陸軍軍楽隊の歴史で大明神山の惜別演奏をしたとも擬せられているのだが、彼は薩摩人ではなく京都人であり、彼の音楽歴はフランス人のギュティッグにつながっていたのである。

ここから中川の回想も、御一新の明治時代に分け入っていく。江戸改め東京では、瓦解した徳川幕府に代わって、薩摩藩士が大手を振って歩くようになった。「とう〳〵明治になつて、薩摩から來た樂隊が市ケ谷に居て、毎日のやうに、一つ橋を通つて大手前へ、樂隊をやり乍ら行進して行くのを見て、矢も楯もなく好きになつてしまつた」「その時、薩摩の樂隊がやつて歩いたマルシユは二つだ。いつでもその二つだつた」。

この話を聞いた大津三郎は、このうちの一つはよくわからなかったが、もう一つについては楽譜に書き留めている。これらは「サツマ・バンド」と外国人に呼ばれた、薩摩藩の軍楽伝習生のレパートリーに含まれる「早行進」「遅行進」にちがいない。

中川は、根っからの音楽好きだったのだろう。この薩摩藩の楽隊の行進に強く惹かれて自らも志願し、まもなく軍楽隊に合流することになる。

「明治八年、二十二で軍樂隊へ入つた。もつと早く入りたかつたが、中々入れなかつた。勿論、士族でなければ入れない。明治四年と、六年にも少し入隊した。しかしその頃教導團へ廻されたものもある。陸軍の四元樂長などはその仲間だつた。何しろ樂器の數が充分になかつたので、あまりふやせなかつた」。

日本に軍楽隊ができるまでの事情は前述したが、中川個人の回想によって、その歴史は生き生きとした表情を帯びてくる。が、本人が軍楽隊に入った時期は、はっきりしない。「少し入隊した」とは仮採用だったのだろうか。「海軍軍楽隊沿革史」によると、中川が入隊したのは明治七年と記されている。

七、北京に乗り込む

こんな初期の軍楽隊史では、当然のことながら、西南の役に従軍して活躍したことが語られなければなるまい。なにしろ、中川安道という名前は、鹿児島に入港した「高雄丸」の乗員名簿に載っていたのである。ところが、本人の回想では話がまったく違ううえに、思わぬ事実が明らかにされる。

「あれは第一番隊が出征した、私は第二番隊で留守番をして居た。佐賀の亂にも第一番隊は出征したと思ふ。それから、私の入隊する少し前に第二番隊は臺灣征伐に出征した」。

西南の役に従軍した海軍軍楽隊は、第一番隊だったという。このころの海軍軍楽隊は、一番楽隊、二番楽隊が編成されていた。さらに後には三番楽隊もできるのだが、中川らが所属していた第二番隊は鹿児島には行かなかったのである。「高雄丸」の乗員名簿には、派遣地別に掲載したとの断り書きがあったように、必ずしも全員が乗船していたわけではなかったようだ。

それはともかく、創設まもない海軍軍楽隊が明治七年(一八七四年)の台湾出兵にも従軍したというではないか。これには聞き手役の大津が「従軍した記録はない」と問い返した。だが、中川の記憶は意外にも細かいところまで鮮明だった。

「それは一番隊の人が書いだのだらう。臺灣征伐にはたしかに從軍して居る。熊本藩の太鼓の名手だつた藤木軍曹が隊長で行つた筈だ。この藤木軍曹と云ふ人は素晴らしい曲打の名人だつた。行進をし乍ら撥を曲取りして、音を絶やさなかつた」。

この時代の日本は独立を守るために、明治政府は強引ともいえる近代化を推し進めていた。たとえ西洋諸国から「猿真似」といわれようとも、である。あるいは中国、韓国から東洋の王道を放棄して西洋の覇道につく野蛮国に成り下がったと見られようとも、当時の世界とは、マルクス、エンゲルスが『共産党宣言』で分析した弱肉強食の国際環境の下にあったのである。

「かれらはすべての民族をして、もし滅亡したくないならば、ブルジョワ階級の生産様式を採用せざるをえなくする。かれらはすべての民族に、いわゆる文明を自国に輸入することを、すなわちブルジョア階級になることを強制する。一言でいえば、ブルジョワ階級は、かれら自身の姿に型どって世界を創造するのである」(大内兵衛・向坂逸郎訳、岩波文庫)。そういうことであるから、明治七年(一八七四年)に佐賀の乱が平定されたあと、引き続いて、台湾出兵にも軍楽隊は従軍していた可能性は否定できないだろう。

そのように中川は回顧しているが、このあたりを「海軍軍楽隊沿革史」では、どう記録しているのか。二月の項に「佐賀ノ乱起ルヤ小松宮御出征一番楽隊随行楽長長倉氏」と、たしかに一番楽隊は佐賀の乱に行ったことになっている。

また、十月の項には「台湾事件ニ八一番楽隊龍驤乗組其ノ後高雄丸ニ乗組長崎港ニ出張ス」とあるが、この記述は明確ではない。実際に「龍驤」に乗り組んだ軍楽隊が台湾出兵に従軍したのかどうかが判然としない。そのあと、彼らが「高尾丸」に乗り組んで長崎港に出張したことは間違いないようである。

それよりも、もっと注目すべきことがある。この台湾出兵をめぐっては、その事後処理のために、北京に渡航して談判に向かう大久保内務卿の一行についてである。

海軍軍楽隊沿革史には「大久保利通ヲ清国ニ派遣サレ台湾事件ノ談判セシメラルニ二番楽隊随行楽長藤木軍曹」と記されている。何と、日本人がヨーロッパから習得して数年にしかならない西洋式の軍楽隊が、早くも国外へと派遣されていた。

中川の回想でも「素晴らしい曲打の名人だつた」と藤木軍曹が登場していたが、沿革史の記録が正しいとするなら、二番楽隊の楽長藤木は台湾征伐に出征したのではなかった。それをめぐって北京で談判する、大久保利通の一行に随行していた。

振り返れば、ペリー艦隊が一八五三年(嘉永六年)に浦賀に来航し、その近代的な軍事力と軍楽隊の響きに日本人は圧倒されていた。それから、幕末維新の大改革を経て二十年にして、日本は西洋流の軍楽隊を国外に派遣するまでになったのである。

あの冷徹な大久保は、どんな目算があったのか、強硬姿勢で交渉に臨んでいたのだが、清国を相手に開戦の覚悟をも秘めていた。その気構えとは、清沢洌『外政家としての大久保利通』(中公文庫)に紹介されている。「夫レ兵ハ凶器、戦ハ危事ナリ、固ヨリ我カ欲スル所ニ非ス」としながらも、このあとの考え方が興味深い。

日清間の事態がここに至れば、「試ニ彼我ノ利不利ヲ以テ之ヲ言フトキハ、即チ今日国論ヲ戦ニ決スルヤ、終ニ不戦ニ決ス、若シ今日国論ヲ不戦ニ決スルヤ、終ニ戦ニ決ス」という。大久保は「彼兵備未夕充実セス」との情況判断を踏まえていた。清沢はこの考え方を西洋的論理からすれば一つの逆説ではあっても、「武士道的論理から観れば、それは説明の必要のないほどな自明理だ。ただ戦に決して不戦に帰するのは大久保の手腕と見識があって可能であった」と論じる。

こうした日本側の動きを観察していた英仏軍の態度は、一変した。翌明治八年(一八七五年)、あの生麦事件を奇貨として横浜居留地に駐留していた英仏軍は、突如として撤退した。彼らは、横浜港から自発的に立ち去っていったのである。明治政府は、大久保は、薩英戦争をきっかけとして生まれた薩摩藩の軍楽伝習生らを中心とした軍楽隊とももども、ここまで欧米列強のやり方を学習していたのだった。この勢いは懸案の朝鮮にも及び、浦賀のペリー艦隊そのままに日本の軍艦が江華島をうかがい、ついに開国を促すのである。

さて、清国との交渉を成功裏に終えた大久保は、帰国して熱狂的な歓迎をされたことはいうまでもない。天皇からは勅語と金一万円が下賜された。そこで麹町三年町に邸宅を新築する。このときの建築費は下賜金では収まらず、大久保の借金は死後にも残されていたのだが、明治九年(一八七六年)四月に行幸という栄誉をも受ける。

これらのことは鹿児島の薩摩人にとっては苦々しい限りのことだった。征韓論をめぐる政争に敗れて、郷里に戻ってきた西郷への同情が集まれば、大久保への反感はいっそう募る。大久保の唱える国家の大義には、私心や権勢欲の影はないのか。西洋文明を真似て「宮室の荘厳、衣服の美麗、外観の浮華」を追い求めるのは、国家の大義なのか、私心の故なのか。

西郷とともに東京を引き揚げてきた薩摩人にとって、もはや新政府の大義などは信用するに値しない。私心などあろうはずのない西郷と敵対した大久保には、私心があるにちがいない、と。そうした驕奢の一例として、紙幣寮(印刷局)の写真を新築した大久保邸と偽って西郷に見せ、その心を離反させようとすることさえ行われた。

大久保は、ここまで鹿児島にいる士族たちの憤激の的とされていた。この感情は憎悪となって広まり、後には郷里にあった彼の家は壊されてしまうことにもなった。

そして、いよいよ明治十年を迎える。鹿児島で内戦が勃発した。軍楽隊にとっては、薩摩はふるさとである。「敵の大将」に、あの西郷隆盛が担がれていた。それにもかかわらず、陸海軍の軍楽隊は官軍として従軍することになった。それが彼らの務めだった。

第五章　城山レクイエム

一、奏楽曲の手がかり

西洋音楽を導入してからまだ日が浅い日本で、この城山最後の夜ほど、「洋楽」が心にしみたことはなかっただろう。それは敵味方の別を超えて、日本人の心に初めて西洋音楽が根づいたときなのかもしれない。西郷のために奏された軍楽隊の音楽は、官軍と薩軍の気持ちを一つに結びつけて鳴り響いたのである。

このときから、国内では日本人同士の戦争は起きていない。日本史の長い長い内なる戦いの歴史は終息したのである。官軍の山縣有朋は西郷らしい遺体を前にして、ほどなく本人の首と丁重に対面した。そのころ、城山一帯は激しい雷雨となって、天の清めのように、戦いの跡を洗い流した。

そうした最後の内戦終結の前夜に奏楽された軍楽隊の西洋音楽とは、どんな楽曲だったのか。残念なことに、当時のことであるから他の場所での奏楽と同じように、曲目の記録は残っていない。しかし、そのような直接の記録は残っていなくても、何らかの手掛かりとなるものはないのだろうか。

軍楽隊だから、演奏したのは軍楽だった、とは必ずしもいえない。従軍して軍楽隊本来のつとめは果たしたが、当時は、それだけではなく鉄道開通の記念式典で演奏をしたり、のちには、あの鹿鳴館のダンス音楽さえも受け持ったりしていた。依頼があれば、民間にも出張演奏に応じていた。

出張演奏には、さいわいなことに記録が残っているものがある。すでに触れたように、明治九年（一八七六年）九月二十八日、東京の大槻磐渓邸で催された「大槻磐水翁五十回追遠会」で、陸軍軍楽隊はポルカ、カドリールなど九曲を演奏した。

一方、海軍軍楽隊も翌十年から官庁や民間会社の開業式などに招かれて演奏している。二月五日に京都—神戸間の鉄道開業式、四月二十九日に千葉師範学校開校式、八月二十一日には第一回内国勧業博覧会開場式、十月二十七日は華族学校（学習院）開校式、十一月二十日は内国勧業博覧会の表彰式などであった。

このころの軍楽隊は、国家の儀礼や体裁には欠かせない、西洋音楽を奏でることができる貴重な存在だった。当時は富国強兵をめざした時代であり、軍隊に役立つための音楽訓練が先行したということは、これまで見てきた通りである。だが、われわれが「洋楽事始」というとき、軍楽隊のことを思い浮かべることはない。

学制発布の明治五年（一八七二年）時点で、音楽教育はどうなっていたのだろうか。その必要性は認められていても、現実には、小学教科の唱歌は「当分之ヲ欠ク」、中学教科の奏楽は「当分欠ク」とされていたではないか。

歴史的な事実として、このあと明治八年に伊沢修二がアメリカへ教育研究のために留学した。伊沢は明治十一年に帰国した。そして翌年、文部省には音楽取調掛が設けられることになり、アメリカから音楽教師メーソンを招いて国民教育に着手したのは、明治十三年のことだった。要するに、西南の役よりものちのことなのである。

さかのぼって明治三年（一八七〇年）の段階で、薩摩藩の軍楽伝習生たちは西洋音楽を学んでいた。彼らの最初のレパートリーは、当時の「君が代」、イギリス国歌、早行進、遅行進などに過ぎなかった。また、それは当然のことであって、軍楽隊を創設した目的にかなった実用的な音楽だったからである。

このうち「君が代」については、歌詞の日本語を知らぬフェントンの作曲に、早くから関係者の疑問の声が出ていた。それも愛弟子であった海軍軍楽隊の中村祐庸楽長が批判の急先鋒であり、西南の役当時には、もはや演奏されなくなっていた。

もともと「君が代」は、天皇や皇族の前で演奏する礼式（儀礼曲）として作曲された。だから、西郷の前で演奏する性格のものではない。次に早い、遅いの区別はあっても二つの行進曲は、整列や進行のために使用される実用音楽である。これらを仮りに大明神山で演奏したとしても、西郷に対する惜別奏楽のメインの曲目とすることにはならなかったはずである。

それでは、将官礼式と呼ばれる儀礼のための曲はどうか。将官礼式はラッパ譜でさまざまな曲種があるが、もちろんラッパだけではなく、ブラスバンドでも演奏される。これは現在の自衛隊でも旧軍の流れをくんでいて、変わるところはない。

ちなみに幕末から各地の大藩で試みられ、近代的な軍隊には欠かせないラッパ兵は軍楽隊に吸収された時期もあったが、このころ分離されることに落ち着いていた。ラッパは、軍隊内で信号伝達の役割を果たしていただけではなく、ラッパ譜によって多彩な音楽機能も兼ね備えていた。軍隊組織の秩序維持は絶対であり、その権威は音楽にも表現されるのである。

大明神山の演奏は、日本でただ一人の陸軍大将だった西郷に対し、官軍が最大限の敬意をはらった儀式であった。そこで、将官礼式は演奏されたのだろうか。

しかし、まだ陸海軍が分離して日が浅い創成期であり、混然としたところがあったとしても、陸海軍の様式は異なっていた。音楽の面でも、すでに見たように、陸軍はフランス式、海軍はイギリス式と張り合っていたのである。

西南の役のあの城山の最終局面で、海軍軍楽隊が前の陸軍大将だった西郷に対する儀礼を行うとしても、将官礼式はふさわしいものだったのかどうなのか。それに、いまは賊軍となっても維新以来の功労者である西郷への惜別奏楽は、軍隊組織の形式的な儀礼を超えたものではなかったのだろうか。たとえ、将官礼式を演奏したとしても、やはり、それをメインの音楽だったとすることには疑問が残る。

戦場の敵と味方を超えて、言葉ではなく、音楽が人間の心を伝える有名な作品がある。西南の役から時代は下って、第二次世界大戦の『ビルマの竪琴』が、われわれの心を打つのは、儀礼曲だったからではなく、「埴生の宿」という歌ならではのことである。

西南の役の城山でも、形式的な儀礼を超えた人びとの哀惜の念があり、それが西郷への奏楽という発想を結んだにちがいない。そうであるならば、ほかに海軍軍楽隊が演奏できた楽曲はないのだろうか。

二、オペラやワルツも

西南の役の前年にあたる明治九年（一八七六年）に、教師のフェントンはイギリスから新譜を買い入れていた。このときに購入した楽譜は、マーチや舞曲、当時のヨーロッパで流行していたオペラの序曲や抜粋など、全部で二百六十種を数える。

この楽譜について、塚原康子『十九世紀の日本における西洋音楽の受容』（多賀出版）が、巻末資料として、海軍省『公文類纂』明治九年第十五巻一〇四によって作成した楽譜目録を収録している。それによると、この文書には六つの目録が含まれており、第一、第二、第三は「軽歩兵楽隊用」、第四、第五、第六は「海砲隊楽隊用」と明記される。このうち、第一と第四はリードや五線紙など楽隊用の消耗品目録なので、残る四つが楽譜目録であるという。

それぞれに収められているものは、第二目録が二十種、第三目録が百七曲、第五目録が二十一種、第六目録が百十二曲である。曲種は音訳がカタカナ表記されている。

たとえば、第二号楽譜目録は「左之楽譜ハ千八百七十六年二月倫敦府ヨリ受収シタル充分ナル軍楽隊用ノ新刊行楽譜ノ代価目録ナリ〔代価は各15シリング、惣計15ポンド〕」と記され、このあとに番号を振った曲目がずらりと並ぶ。

「第一　ワルツ、ヒヲラント、エンドセレクション、フロム、ヲベラ、マルザ」とは、何か。発行元の目録と照らし合わせるなら、フロトーのオペラ「マルタ」からの選曲だということになる。カタカナで記された英語の曲名表記だから、「第十八　グランド、セレクション、ルイス、デ、ラムメルンムール」は、ドニゼッティの「ルチア」と推測できる。

また第五目録から曲名を拾ってみると、「第二　フィナデ、ノジ、テ、ファガロ」とはモーツァルトの「フィガロの結婚」のフィナーレで、「第七　グランド、ボリー、フイデリヲ」はベートーヴェンの「フィデリオ」を指しているようだ。

すなわち、今日でも一般に広く知られているモーツァルトの「フィガロの結婚」、ベートーヴェンの「フィデリオ」が含まれており、ほかにはシューベルトのロザムンデ序曲、ヨハン・シュトラウスの「こうもり」なども見つけることができる。

海軍軍楽隊は、フェントンが取り寄せた新譜のすべてではなく、技術的な面でも、時間的にも、このうちの何曲かに絞って練習していたはずである。それがどんな曲目だったのか、記録が残っていないので知るすべがない。

遡って初期のレパートリーに加え、フェントンは英国の軍楽隊で使っていたと見られる楽譜を写していた、と中川安道は回想していた。したがって、このほかにも彼らがマスターしていた楽曲があってもおかしくはない。

だが、それらも含めて、これまでに見てきたような記録に残されたレパートリーしか、われわれには判断材料がない。それら以外の楽曲を彼らが実際に演奏していたとしても、何らかの手掛かりがなければ、今日では根拠をもたない推測としかいえないだろう。やはり、海軍軍楽隊が城山の西郷に向けて演奏した惜別の楽曲を探るためには、何らかの記録や文献で裏付けられるものから判断しなければならない。

考慮すべき点がまだある。実のところ、明治十年三月に指導者のフェントンが離任したあと、独り立ちしていた海軍軍楽隊の技術水準は、かなり危ういものだったようである。

中村理平『洋楽導入者の軌跡』は、この状況について「指導者なしに演奏活動を継続するにはいまだほど遠く、この欠陥は同年9月に内乱が平定し、九州に出征していた軍楽隊員が平時体制に復帰するとますます明白になった」と指摘している。

外部からの演奏要請についても、「この時点の楽員の能力ではフェントンから学習した数少ない曲目の維持が精一杯で、技術的な退歩も表面化し、まして需要に応じた新曲の補充などまったく不可能であった」ことから、西南の役当時のレパートリーとは、フェントン時代から凍結状態になっていたと見てもいいだろう。
そうした実情は、海軍の責任者だった軍務局長林清康の明治十一年八月九日付上請書にあらわれている、と同書は次のように紹介している。

当局所轄軍樂隊之儀ハ明治四年以來フェントン氏ニ業ヲ受ケ該隊一同勉励候ヨリ稍音樂之曲調ヲ奏スル事ヲ得一時内外人之賞賛候迄ニ至候得共乍去未夕以テ卒業ト申訳ニ無之然ルニ教師フェントン氏ハ昨十年三月解雇相成仍而爾来唯復修致シ務テ術業之退歩セサルヨウ勉強罷在候得共彼音樂に於ル何レモ未タ彼國之誦歌ヲ不辨ヨリ其曲調徐破急ニ協和スルヤ否ヤモ難辨解加ルニ教師之指導無之ヨリ自然曲調之乱候哉モ難計此儘棄置候而ハ遂ニ外人之哄笑ヲ招キ従来之御失費ヲ空スル而巳ナラス到底樂隊一統多年之剋苦モ水泡ニ属スルニ立至リ候間（以下略）

もちろん、これは西南の役の一年後に書かれた海軍軍楽隊の実情報告である。音楽とは上手とか下手とかの問題ではないから、大明神山で行われた西郷への惜別奏楽は、彼らの技量を超えた心からのものだったことは誰にも疑えないだろう。

だが、あの城山の一夜の奏楽をした時期を含めて、海軍軍楽隊は、何やら怪しげな演奏水準だったと見ることはできる。そんな状態だったからこそ、彼ら海軍も、陸軍軍楽隊の教師ダグロンに教えを乞うことにしたのであった。しかし、やはり兼務であっては、その音楽教育も十分なものとはいえない。

海軍軍楽隊は、新たに専任の音楽教師を雇うことになった。このころ、あの元教師フェントンは夫人の母国アメリカにいた。どこからか、西南の役の終結と自分が育てた教え子たちの窮状を知り、再雇用を申し出ていた。

しかし、ヨーロッパではワーグナーらによるドイツ後期ロマン派の音楽が隆盛を見せつつあり、海軍はドイツ人教師のエッケルトを招くことにした。彼の音楽教育は、高崎能行の回想にも見られたように、イギリス式からドイツ式への移行でもあった。以後、ドイツ音楽は日本における西洋音楽の主流となっていく。

それから十年がたった明治二十一年(一八八八年)七月十一日付の東京朝日新聞には、「米艦隊我楽隊を雇はんとす」という見出しの記事が掲載された。

「横浜碇泊の米国東洋艦隊旗艦乗組の軍楽隊補闕の為め我陸海軍の軍楽隊にて満期となりし者七名を雇入れたき旨陸、海軍両省へ照会ありしが同省にて充分注意すべき由回答ありしにより目下直接に召募中にて陸軍楽隊満期の松本累次氏以下三名の試験を施行するといふ」（秋山龍英編著『日本の洋楽百年史』から引用）。

わずか二十年ほど前に始めた日本の軍楽隊が、このころには国際水準に達するようになったということなのだろうか。しかも、その買い手は、あの泰平の眠りを覚ましたペリー艦隊を送り込んだアメリカだったのである。

三、モースが聴いていた

これまで見てきたような演奏の水準であったから、明治十年当時の軍楽隊のレパートリーはかなり限られたものだったようだ。記録された曲目はすでに見てきた通りなのだが、この中で注目すべきは出張演奏である。海軍の軍楽隊は城山に行く一カ月前、八月二十一日にも東京で腕前を披露していた。

西南の役がまだ終結を見ていないにもかかわらず、大久保は内務卿として第一回内国勧業博覧会の開催を断行した。軍楽隊は、その開場式に招かれていたのである。たしかにここで演奏をした記録はあるのだが、やはり当時のこととて曲目に触れられることはない。

ところが、意外なところに海軍軍楽隊の演奏ぶりとレパートリーが描写されていたのである。このころ、日本に来てすぐ横浜から新橋に向かう汽車の窓から、エドワード・S・モースが大森貝塚を発見したことは広く知られている。彼は詳細な日記をつけていた。後になって刊行された『日本その日その日』(石川欣一訳、平凡社東洋文庫)である。

モースは明治十年(一八七七年)九月十六日の日曜日に、大森貝塚の現地を初めて訪れた。翌日の十七日には、上野の産業博物館に行って目撃した軍楽隊を記述している。すなわち、西南の役終結の一週間前のことだった。

日本人ばかりで成立っている海軍軍楽隊は、西洋音楽を練習し、我々と同じ楽器を持ち、同じ様な制服を着ていた。顔さえ見なかったら、我々は彼等を西洋人だと思ったことであろう。日本人の指揮者は、遠慮深く指揮棒をふって指揮し、楽員の全部に近くが、殆ど目に見えぬ位の有様で、足で拍子をとっていた。

日本人の軍楽隊とは驚きだったらしく、演奏にも、なかなかの評価がされている。遠慮深く指揮棒をふっている指揮者とは、楽長の中村祐庸だろうか。「我々のとはまるで違う楽器と音楽とを持つ日本人が、これ程のことをなし得るという驚く可き事実」というモースは、彼らの演奏技術の細かい点にも詳しく批評をしている。

大喇叭の揺動と高音とは、よしんば吹きようが拙劣でも、必ず景気のいいものだが、而も批評的にいうと、演奏の十中八、九までは、我国の田舎のあたり前の楽隊が、簡単な音楽をやるのに似ていたといわねばならぬ。音楽の耳を持たぬ者には、これは非常によく思えたであろう。とにかく空中に音が充ちたのだから。然し、音楽を知っている者は、不調音を聞き、間違った拍子に気がつくことが出来た。小喇叭の独奏は、感心してもよい程の自由さを以て演奏された。

海軍軍楽隊の演奏はこのころ、それなりの水準をまだ維持していたようだ。もちろん、完璧とはいえなくても、少々の拍子外れはあっても、アメリカの田舎の楽隊が演奏するのに似ていたのであり、アマチュア・バンドとして悪くない評価である。

それどころか、音楽を知らない人間には非常によく聞こえただろうとまでいっている。当時の日本人は、実際に、その多くが西洋音楽を知らなかったのだから、よく聞こえたにちがいない。そんな音楽環境にあって、ごく少数ながら、日本人の一隊が西洋音楽を演奏することができるという驚きがここにはある。

しかし、われわれが知りたいと思っていることは、そうした日本人の姿だけではなく、海軍軍楽隊が鹿児島に行く直前に何の曲を演奏していたのか、ということである。音楽が好きだったモースは、その曲目をも記録していた。

彼等は、ちょいちょい急ぎ過ぎたが、やがてうまい具合に調子を合わせた。「バグダッドの酋長」の序曲で、調子が高く高くなって行く場所は、実に完全だった。私は日本へ来てから、まだ一度も、我々の立場から音楽といい得る物を聞いたことが無いので、日本人が西洋音楽をやるということは、私にとっては北米インディアンが突然インネスやビヤスタットを製作し得たと同様に、吃驚すべきことである。

ここに登場する曲は現在では「バグダッドの太守」と表記され、フランスの作曲家ボイエルデューの軽喜劇である。この序曲は、当時の演奏記録によく登場するポピュラーなものだった。念のために、「インネスやビヤスタット」とは米国の風景画家であるという訳注がある。モースはこのあと、さらに貴重な音楽の曲目についての記述をしている。

演出曲目の中には、あの奇麗なダニューブ・ワルツ、マイエルベールの「ユグノー」のグランド・ファンタジア、グノウの「ファウスト」の選曲、その他同じようなものがあったが、いずれも最も簡単に整曲してあった。

以上である。このうち、最初の「あの奇麗なダニューブ・ワルツ」とは、作曲者の名前を書く必要がないほど有名な曲であるようだ。広く知られる「ドナウ」と題されるワルツとして、直ちに思いつくのは二つある。

まず、この一曲だけで名前を残すルーマニアの作曲家イヴァノビッチの「ドナウ川のさざ波」である。だが、これは西南の役の三年後の一八八〇年に作曲されている。

もう一つは、ヨハン・シュトラウスの「美しく青きドナウ」である。まだ幕末の一八六七年に作曲されており、ここでモースの記述に即して話を進めている時代は、一八七七年（明治十年）のことである。この間わずか十年の、次々に誕生するワルツに沸いたウィーンで生まれたての新曲であった。

ただし、この一年前にあたる明治九年に、フェントンが軍楽隊用の楽譜をイギリスから取り寄せていた。その目録はなかなかに判読しがたいものだが、團伊玖磨『私の日本音楽史』(日本放送出版協会)は、この中から「美しく青きドナウ」を拾い上げている。それならば、この演奏の曲目と楽譜が一致する可能性は高いようだ。

モースが産業博物館で軍楽隊を聴いたのは、九月十七日である。その六日後の二十三日には、鹿児島で西郷への惜別奏楽が行われている。すでに見た海軍の記録では、軍楽隊が乗り組む「高雄丸」が二十日に鹿児島に入っていたから、この間の三日間が東京からの移動期間だったと見るべきなのだろう。

あるいは、これらは同じ海軍軍楽隊であっても、異なる楽隊だったかもしれない。中川安道の回想にあったように、このころは一番楽隊と二番楽隊があった。したがって、モースが聴いたのは、鹿児島に派遣された一番楽隊ではなく、中川らが所属した留守番の二番楽隊だった可能性は留保しておかなければならない。

これまで見てきた音楽が、文献に記録された海軍軍楽隊のレパートリーである。この中から、はたして、大明神山から城山の西郷に向けて奏楽した曲目はあるのだろうか。

これまで知り得る限りの記録にあらわれた曲目は、今日でもよく演奏されるポピュラー名曲がそろっている。ほかに文献が見当たらないなら、これらのレパートリーの中から、あの惜別奏楽の曲目という的を絞っていかなければならない。

しかし、官軍が最大限の儀礼を尽くそうとした、せっかくの西郷への惜別奏楽は、これらの軽快なポピュラー名曲のどれかだったのだろうか。ほんとうにそうだとしたら、城山最後の夜は、何やら悲喜劇めいてくるではないか。

実際、これらの多くはどこか楽しげな気分のただよう、演奏曲目なのである。この点、どうしても西郷隆盛への鎮魂曲とすることに疑問をぬぐいきることができない。

仮りに、軍楽隊がこれらのポピュラー名曲のどれかを奏楽したとしても、山縣有朋以下の官軍側が、その音楽を聴いて涙を流したと伝えられることには違和感がある。いくら当時の日本人が西洋音楽になじみがないといっても、彼らが耳にした奏楽にあらわれる人の情には、かえって現代人より敏感だった面はあったはずである。

その音楽を演奏した海軍軍楽隊にしても、フェントンから教育を受けてきた彼らが、そこまで西洋音楽の曲趣に無知だったはずがない。なかでも楽長の中村祐庸は、恩師フェントンが作曲した「君が代」には日本人として違和感がある、と批判していた。西郷に対する惜別奏楽の選曲をする立場にあったのは、中村祐庸その人だったのではないか。

四、見よ、勇者は帰る

明治維新の立役者だった、たった一人の陸軍大将西郷に対して、いまや敵の大将に回ったとはいえ、その功労を皆でたたえる楽曲はないのか。このあたりは、私自身も少し西郷に対して感情的になっているようで、つい自らに苦笑を禁じ得ない。

こんなことを考えながら城山を歩いているとき、突然、どこからかブラスバンドの音楽が風に乗って流れてきたことがある。現代の都市の、昼日中の眼下の騒音を突き抜けてきた吹奏楽には驚いたが、決して幻聴ではなかった。どこかの学校で、ブラスバンドの練習をしていた、その一フレーズのようだった。

これが百数十年前の城山だったら、最後の戦いを前にした真夜中のことでもあり、聞き慣れない洋楽の響きには、いっそうの驚きがあったことだろう。七カ月間も戦場にあった薩軍将兵の研ぎ澄まされた耳は、また、奏楽の発せられるところと、その意味することを探り当てたにちがいない。そして、演奏する軍楽隊のなかの、旧知の誰かの顔さえも思い浮かべたとしても決しておかしくはない。

その音楽とは、どんな楽曲だったのか。もう少し幅を広げて、海軍軍楽隊のレパートリーを追ってみたい。彼らが外部へ出張演奏を始めたのは明治十年のことだった。これらの出先で演奏した曲目は記録されていない。何を演奏したのかはわからなくても、いずれもが華やかで、晴れがましい式典であった。そのような祝典にふさわしい楽曲が、海軍軍楽隊のレパートリーにいくつもあることは見てきた。

ところが、これよりも早く三年前には海軍兵学寮で運動会が行われており、軍楽隊が招かれていたのである。そこでは、これまでには現れることがなかった、注目すべき曲目が演奏されていた。篠原宏『海軍創設史　イギリス軍事顧問団の影』（リブロポート）から運動会の記述を引用してみたい。

体育運動は、わが国ではじめての運動会といわれる「競闘遊戯」（Athletic Sports）が明治七年三月一日に行われている。この時の案内表が残っているが、全部で十八種目、一〇〇ヤードから三〇〇ヤードの距離を生徒の学年あるいは観客などで種目分けしている。このほか幅跳び、走り高跳び、二人三脚などもあるが、傑作なのはブタ追い競走、キジ捕り競走などの趣向をこらしていることである。

参加者は兵学寮のほか水路寮、軍医寮の生徒たちも参加、軍楽隊は一、二、三等賞授与の時にヘンデルの「栄誉の曲」を演奏した。この曲は後では卒業時の恩賜の短剣授与の時に奏せられた。

このヘンデルの「栄誉の曲」とは、あらたまった式典で栄誉を讃えるにふさわしい音楽なのだろう。運動会はイギリス海軍顧問団の指導によって行われており、軍楽隊が招かれて演奏したのも英国の流儀にならったことにちがいない。

ゲオルク・フリードリッヒ・ヘンデルは同じ一六八五年（貞享二年）生まれのヨハン・セバスチャン・バッハと並ぶバロックの作曲家である。バッハが生国ドイツで生涯をまっとうしたのに対し、ヘンデルの後半生はドイツを離れ、イギリスに活躍の舞台を移した。そのイギリスでは大変愛好されている大作曲家であり、数多いオラトリオやオペラの中から親しみやすく、美しいメロディーが抜き出され、様々なアレンジで演奏されている。

実は日本とヘンデルの音楽との触れ合いは、思わぬところにあった。嘉永七年（一八五四年）、アメリカ艦隊のペリー司令長官は二度目の来日をした。このときは横浜に初めて上陸したのだが、ここでも随行した軍楽隊がセレモニーを盛り上げた。そして、ペリーは日本側との会見で、死亡した海兵隊員の埋葬をさせてほしいと要望した。

その結果、この海兵隊員は横浜に埋葬されることになった。翌日、現在の元町にはアメリカ人の葬列が見られた。笠原潔『黒船来航と音楽』（吉川弘文館）によると、そこで軍楽隊が演奏したのはヘンデルの葬送行進曲だった。これはオラトリオ「サウル」の第三部にある音楽で、このあとも下田や函館ではアメリカ人の葬儀が行われたから、幕末にヘンデルは何回か演奏されていたことだろう。これが知られざる、日本とヘンデルの結びつきである。

それから二十年後、日本はもはや徳川幕府ではなく、明治の新政府になっていた。この間に生まれ、育っていた日本人自身の海軍軍楽隊が、明治七年、同じヘンデルを奏でていた。だが、それは葬送行進曲ではなく、「栄誉の曲」であった。

楽曲の記録が乏しい明治初年代にありながら、この「栄誉の曲」はかたちを変えて再び現れる。楽水会編『海軍軍楽隊―日本洋楽史の原典―』収録の海軍軍楽隊史年表には、明治十年の西南の役最中にヘンデルが登場し、続いて西郷への惜別奏楽が記されている。

七月一日　「兵学校生徒褒与」制定、授与の際軍楽隊演奏を規定、ヘンデル作曲「栄誉の曲」。

九月二十三日　　西郷隆盛自刃の前夜、海軍軍楽隊は敵将への儀礼として〝惜別の曲〟を包囲した城山にて敵前演奏。二十四日城山陥落。

この「栄誉の曲」について、『海軍創設史』が「後では卒業時の恩賜の短剣授与の時に奏せられた」と記していた。この記述は、明治十年七月一日の「兵学校生徒褒与」制定に伴い、授与のときに軍楽隊演奏が規定されたという裏付けがあるものだった。

そこで核心に迫る。ヘンデルの「栄誉の曲」とは、いったい何なのか。表彰式で演奏されるヘンデルの曲とは、よく知られた例の音楽しか思いつかない。今日では大相撲の千秋楽に優勝した力士の栄誉を讃えて流される、オラトリオ「ユダス・マカベウス」にある「見よ、勇者は帰る」なのである。

だが、これには何らかの信じるに足る裏付けとなるものが必要だろう。現在、海上自衛隊の音楽は昭和六十一年五月六日付けの海幕通達「儀礼曲の統一について」によって、君が代から軍艦行進曲までの十曲の用途が定められている。このうち第五曲の「得賞歌」がこの曲であり、かつての「海軍儀制曲総譜」に遡る。そこに収録されている第九曲の「勝利歌」は、少し編曲が異なっているものの、紛れもなくヘンデルの「見よ、勇者は帰る」である。

海軍儀制曲は大正元年に定められた。その中にヘンデルのこの曲が含まれているということは、すでに明治時代から演奏されており、ルーツは兵学寮の運動会、兵学校生徒褒与にちがいない。谷村政次郎「『海軍軍歌』と『海軍儀制曲』」（季刊「軍事史学」通算第七六号）では、こうして採用された十曲すべてがそろったのは、明治二十六年（一八九三年）以降と推測されている。

確かに、遠藤宏『明治音楽史考』によると、ヘンデルの「ユダス・マカベウス」のこのメロディーを借りて、明治二十二年（一八八九年）に出版された中等唱歌集（東京音楽学校）には「凱旋」という歌詞がつけられている。この唱歌集は全十八曲を収めているが、第一曲が「君が代」、第十二曲が「凱旋」になっている。第十五曲が有名なビショップの「埴生の宿」で、この時代から今日まで歌詞もそのままに歌われているのである。

ヘンデルの曲に乗せられた「凱旋」の歌詞は、「わが将軍きたる、白馬にまたがりて／いさをは、はたのひかりにかゞやきて／凱歌に天地とゞろきわたる」と一番を歌い出す。二番は「我勇士……」、三番は「嗚呼わが三軍……」である。翌年、この曲は「赤穂義士の歌」にもなっているという。「凱旋」なら歌詞と原曲に違和感はあまり感じられないのだが、赤穂義士の歌とはどんな歌詞だったのだろうか。

また、「凱旋」は日露戦争当時に「山川錦帯鴨緑江」という歌詞にもなった。明治三十八年（一九〇五年）の凱旋祝賀に、東京音楽学校は混声合唱と管弦楽で演奏したという。この曲は確かに東京音楽学校の演奏会記録に記載されているが、それは明治三十七年十月二十九、三十日の学友会恤兵音楽会である。両日の曲目の中には鳥居忱作歌、ヘンデル作曲による「鴨緑江」と題された合唱曲となって登場している。

そういうことなら、このメロディーは明治時代の唱歌というだけではなく、日露戦争の勝利の歌として強く印象に残っていたのだろう。そして、海軍儀制曲が大正元年（一九一二年）に定められ、その中で「勝利歌」になったとしても筋が通る話である。

この曲は演奏するのに、そんなに難しくはなく、吹奏楽を習い始めた中学生たちのブラスバンドもよく演奏する。創設後まもない日本の海軍軍楽隊には、まことに条件が整った音楽であった。それに、曲の価値と演奏の難易度とは、まったく関係がない。

だれもが表彰式に参加して体験したことがあるだろう。「見よ、勇者は帰る」が演奏されると、こぞって、栄誉をたたえる気持ちでいっぱいになる。この曲は何と聴く人びとの気持ちを一つに結び付けることだろうか。まことに、音楽とは人の心の働きというほかはない。

これこそが西郷隆盛への別れに贈る、ふさわしい楽曲ではないか。このヘンデルの「見よ、勇者は帰る」なら、官軍も薩軍も、故郷の鹿児島に戻った西郷のこれまでの栄誉を讃える気持ちが一つになったにちがいない。この奏楽に感激のあまり「山縣參議ヲ始メ諸将兵士之ヲ聽イテ戎衣ノ袖ヲ絞ツタトイフ事デアル」と描かれていても、まったく違和感はない。

あの夜、この曲を、城山の西郷はどのように聴いたのだろうか。甲突川のほとりに生まれ、四十九年の生涯に、江戸へ、京へと、どれほど足を運んだことか。奄美大島、徳之島や沖永良部島にも流された。そして、四年前に東京から帰って、武村の田夫となっていたはずだった。が、この年はにわかに大将と担がれて熊本城まで行ったところで、またしても鹿児島に戻ってきた。これで西郷は故郷の土に還るのである。

五、二人の葬送行進曲

城山が落ちても、西南の役は終わったことにはならない。ほんとうに終わったのは明治十一年五月十四日だった。この朝、内務卿大久保利通が紀尾井町で暗殺された。この知らせが届くと、鹿児島では祝杯をあげ、赤飯を炊いたといわれている。

西南の役最後の夜の惜別奏楽もまた、話が終わったことにはならない。あの大明神山で海軍軍楽隊を指揮した中村祐庸の、七十年後に明らかにされた後日談があったのである。遠藤宏『明治音楽史考』が次のように紹介をしている。

陸海軍軍樂隊にとつて感激の從軍は、なんといつても西南役であつたらう。軍樂隊の奏樂は士氣を鼓舞するにあつた。陸軍軍樂隊は熊本高瀬の本營に駐屯してゐた。十年九月二十三日夜、鹿児島の官軍陣營最高所大明神山において、軍樂吹奏を行つた。月は明るく、英雄西郷隆盛に對する武士道的禮儀であつたかも知れない。海軍軍樂隊は品川より軍艦で出發した。既にフェントンは解雇されてゐて、樂長中村祐庸は荘重なる軍樂を奏して船出したのであつたが、なんとその時の曲が後になつてから葬送行進曲であつたので、中村樂長退役まで誰にもいはなかつたといふ話である。この珍談は故瀬戸口藤吉樂長から私は聞いたのである。

この『明治音楽史考』は、第二次大戦後の昭和二十三年（一九四八年）に発行された。「軍艦マーチ」で名高い瀬戸口藤吉は、戦前に「最後の御奉公」として「愛国行進曲」を作曲し、亡くなっていた。したがって、筆者は生前の瀬戸口からの又聞きだと断っている。

鹿児島への船出に演奏したのは「荘重なる軍樂」だったのだが、「後になつてから葬送行進曲であつた」という。これだけの話では、どんな葬送行進曲だったのかはわからない。それでも手掛かりがないわけではない。西南の役の当時に「莊重なる軍樂」とされた曲は「後になつてから」と記述が続くから、その後も演奏されていた。そして、いつのことかは記されていなくても、この荘重な楽曲の意味することに海軍軍楽隊は気がついたということだろう。

そこで手掛かりとなり得るのは、これがそのまま海軍の「葬送行進曲であった」としたら、という一点にかかる。海上自衛隊の儀礼曲は、第九曲が「葬送式におけるひつぎの儀じょうの場合」演奏される葬送行進曲である。このルーツは、やはり旧海軍の「儀制曲」に遡る。その第八曲が「送葬行進曲」なのである。

海上自衛隊東京音楽隊に伝わる「海軍儀制曲総譜」を見せてもらうと、これは葬喪の曲として収録されている。その譜面は、現在でも海上自衛隊で使われている葬送行進曲と同一のものである。すなわちオリジナルの曲は、ピアノの詩人といわれる、あのフレデリック・ショパンが作曲したピアノ・ソナタ第二番「葬送行進曲付き」だった。

旧海軍の儀制曲が制定された大正元年といえば、西南の役の明治十年から三十五年後になる。この間の年月に軍楽隊は独自のレパートリーを一つ一つ積み重ねていったのであり、この曲も明治時代から演奏されていたということになる。

すでに明治十年、海軍軍楽隊は「荘重なる軍樂」、すなわち葬送行進曲を演奏していた。その後に大きな改変が見られない限り、この葬送行進曲が、そのまま海軍の儀制曲となっていったと考えるのが筋道ではないだろうか。つまりは、このときの「荘重なる軍樂」とはショパンの葬送行進曲だったのである。

そして、彼らが鹿児島への船出に「荘重なる軍樂」を演奏したことは、出張にはそのような意図があると思い込んでいたからにちがいない。そうだとしたら、一週間もたたない大明神山で海軍軍楽隊が同じ「荘重なる軍樂」を奏でていても何の不思議はない。

あのショパンの葬送のメロディーは、まことに美しく、蒼白い音楽である。これが月に照らされて銀世界となった城山に舞い降りたとしたら、もう美しすぎるといってもいい。あまりにも幻想的な情景である。目に見えるような、耳には聴こえるような、そのような感傷の世界に浸りたくなる誘惑にも駆られるではないか。

しかし、いくら西郷に対する惜別の意味を込めるとしても、まだ現に生きている人間に対し、葬送行進曲とは礼を欠くことが甚だしい。それに惜別奏楽の意図とは、翌朝に控えた英雄の死を悼む気持ちはもちろんのことだが、この夜の段階では、西郷のこれまでの栄誉をたたえるという儀礼が主眼であったはずである。

いや逆に、だからこそ、との深読みもできなくはない。中村祐庸楽長はこのような状況を考え、「莊重なる軍樂」を選曲して奏したはずだった。しかし、それは後でわかったことながら、葬送の音楽だった。彼は、このときの不手際を心中深く恥じた。そこで城山の惜別奏楽について、曲名や状況をいっさい口外せず語り継がなかった、と。

なにしろ、この場面にはいろいろ話の尾鰭がつけられているのに、なぜか演奏した楽曲だけは、申し合わせたかのように伝わっていないのである。当時の軍人の中で、西洋音楽の曲名がわかるのは軍楽隊の当事者だけだった、と言い切ってもいい。

彼らの中には後に音楽家として名を成したものもいたし、また、太平洋戦争前まで長命した隊員がいたはずである。それでも奇妙なことに、どんな曲を大明神山で演奏したのか、ということは誰の口からも語られていないし、触れられることはない。

軍楽隊草創期の伝説となっていた、この城山の惜別奏楽は関係者の間では有名な話である。それにもかかわらず、肝心の曲目はまるでタブーであるかのように避けられている。

そういうことであれば、「海軍軍楽隊沿革史」に描かれる「敵味方共ニ如何ニ清新ナソシテ甘美ナ鎮魂曲トナツタデハアロウカ」という箇所にも、引っかからないこともない。海軍軍楽隊内部の決して口外できない伝聞を踏まえ、「莊重なる軍樂」、すなわち「葬送行進曲」とわからせる婉曲な書き方にも思えてくる。そして数ある葬送行進曲の中でも、ショパンこそ「清新ナソシテ甘美ナ鎮魂曲」という形容がふさわしいのである。

この大明神山での奏楽曲目に関する決定的な史料が発掘されない限り、ショパンの音楽の愛好者には、月明かりの幻想的な情景を目にも耳にも想像することが許されていい。

とくにショパン好きでなくても、あのピアノ・ソナタ第二番を聴いたことがある音楽ファンなら、哀切な感情を抑えることはできなくなるだろう。そして、これを城山の岩崎谷で聴いた西郷の姿を思い浮かべると、本人はショパンを知るはずがなくても、あまりにも、美しく、また、いとおしい情景ではないか。

大久保は東京に行ったまま、ついに鹿児島には帰らなかった。紀尾井町で暗殺されて三日後、明治政府をあげて神式の葬儀が行われた。麹町の大久保邸から青山墓地までの葬列は、先頭が出発してから最後尾が動くまで四十五分もかかるという長さだった。

このときの葬儀、葬列には楽隊が加わっていた。東儀頼玄、上真行ら伶人十二人によるもので、神式の葬儀は伝統の雅楽を奏した。葬列の楽隊になると、ラッパを使った洋楽である。雅楽の伶人たちもまた、近代国家の新たな正楽として、明治七年から西洋音楽を学んでいた。初めは海軍軍楽隊の楽長中村祐庸から、続いてフェントンに指導を受けた。この明治十一年に、伶人たちは初めて雅楽と洋楽の公開演奏をするようになっていた。

葬列の音楽の模様は『大久保利通文書　九』に記録されている。「警視警部の官吏数十人禮服を着し馬に跨りて前驅し騎兵一大隊皆劍を抜きて肩にして之に次き工兵一大隊又之に次き樂隊ハ各々白き布をもて喇叭等の樂器を巻き樂奏し」「喇叭の聲ハ薤靈《ママ》扊扅の悲歌も斯くこそと思ハるゝはかりの悲音を奏し自ら人の耳を清まし哀情を起さしめたり」。

「薤靈扊扅」と形容された悲歌とは、「薤靈」が「薤露《かいろ》」だとすると「扊扅《えんい》」とともに中国の古典から採られたのだろう。薤露はオオニラの葉のしずく、扊扅は戸のカンヌキ、いずれも古い詩に典拠があり、葬送の悲しみの表現である。

そんな「喇叭等の樂器」が奏した悲音とは何だったのか。現在の宮内庁楽部には、この葬儀に関する楽曲の記録は残っていない。当時の伶人たちは、中村祐庸、フェントンから洋楽の手ほどきを受けていたのだから、そのレパートリーは海軍軍楽隊と変わるところはないはずである。そうであるなら、この葬列の音楽こそ、前年には西郷の惜別奏楽のために品川を発つ海軍軍楽隊が演奏した「荘重なる軍樂」が最もふさわしい。

そして中村祐庸が「後になつて葬送行進曲であつた」と気づいたときとは、あの大明神山の西郷隆盛に対する惜別奏楽からわずか八カ月しか経っておらず、多くの外国人たちが参列した大久保利通の葬儀のときだったとは考えられないだろうか。

竹馬の友、長じては無二の盟友、しかし、明治維新の両雄は決裂したあと、相前後して重なり合うようにして非業の死に倒れた。ここでも、西郷と大久保と、である。そして……宿命の二人の葬送曲が同じショパンだったのかもしれないという思いに、私はとらわれたままでいる。それは歴史の事実とはいえないにしても、私にとっては真実なのである。

おわりに

政治とは感情が動かすものだと、つくづく思う。鹿児島に残った薩摩人にとって、あの大久保を頂点とする東京組に対する憎悪とは、いったい、何だったのだろうか。

この関係にまた島津久光を含めるなら、いっそう複雑である。西南の役から一年たって西郷の墓碑を久光に願ったところ、「不忠之碑」とされたという逸話もある。西郷も若いころ、久光に対して「地五郎(田舎者)」とそっぽを向いたことがあった。西郷には生来の生々しい感情があり、言葉や態度の節々にそれらしいものを感じることがないではない。彼もけっこう狭量なところがあり、人の好き嫌いが激しかったようである。

『西郷南洲遺訓』の中に「道は天地自然の物にして、人は之を行ふものなれば、天を敬するを目的とす。天は人も我も同一に愛し給ふゆゑ、我を愛する心を以て人を愛する也」という言葉がある。これはキリスト教に通じる考え方であり、そのような指摘がないではない。このあと

「人を相手にせず、天を相手にせよ。天を相手にして、己れを盡て人を咎めず、我が誠の足らざるを尋ぬべし」と続くので、ますます確信が募ることだろう。

だが、この次の言葉は「己れを愛するは善からぬことの第一也」なのである。どういうことかといえば「修業の出來ぬも、事の成らぬも、過を改むることの出來ぬも、功に伐り驕謾の生ずるも、皆な自ら愛する為なれば、決して己れを愛せぬもの也」だからである。それなら「我を愛する心を以て人を愛する」とは、どう理解すべきなのか。そんな細かい詮索をするよりも、西郷はここで無私の精神を説き、あるいは夏目漱石の「則天去私」という境地に近いものがあったのかどうか。

結局、西郷は自らの、あるいは人間の本性を知って、あえて「敬天愛人」と好き嫌いを口には出さないように恬淡としていたはずだった。ところが周りの人間は言葉ではなく、西郷の本心がそうであろう、と感応して動いたようなところがある。だから、西郷は台風の目のように静かだったとしても、彼の周辺には敵を求めて憎むという大きな感情が渦巻いている。

西郷自身は、竹馬の友であり、無二の盟友であった大久保に対して、その周囲の人間のように憎悪とまではいかなくても、嫌悪の感情を抱いたのだろうか。この点が、実はわからない。晩年の西郷について言及する多くの本は、そうであろうとの前提に立って、すべてを説明しようとしているように見受けられる。

実際、そのような同時代の証言がないでもない。西南の役勃発時の県令、大山綱良である。いまも残る手紙の中で、西郷が嫌悪感をあらわにしていた人物だった。その大山は、出征する西郷に暗殺計画が川路だけではなく、大久保も関与しているとの口供書を示す。そのとき西郷が怪訝な驚きを口にし、大山は自分も同意見であると語ったという。

だが、具体的な西郷の言葉はもうひとつ明白とはいえず、ほかにも決定的な西郷自身の発言があったのだろうか。かつて征韓論をめぐって、西郷が大久保と争ったときの同志である江藤新平が佐賀の乱に決起したとき、はなから西郷は同調しなかった。

一方、その江藤に対する大久保の憎悪は、彼もやはり薩摩人だったことを思い起こさせるではないか。日記には「江藤醜體笑止なり」と書くほど凄いものだった。

大久保は西南の役が勃発したとき、相手は私学校一党であり、西郷が立つとは思いもよらなかった。征韓論をめぐる対立に敗れた西郷が鹿児島に帰ろうとしたとき、東京での二人の最後の別れは子どものようである。二人だけになると、実際に子どものころから、そうだったのかもしれない。伝えられる話として、西郷は「嫌なものは嫌だ」といって駄々をこね、大久保は「いつだってそれだ。もう勝手にしろ」というように拗ねた。

この二人がそうした関係であるとしたら、いったい今日にまでおよぶ薩摩人の大久保に対する嫌悪感、憎悪の執拗さは理解しがたいものがある。「為政清明」の大久保が国家の意思を代表していたように、東京の薩摩人には、はたして郷里に対する嫌悪の感情はあったのか。

これに反して、同じ薩摩人でありながら、鹿児島の東京に対する憎悪は何を生みだしたのだろうか。何も生みだしはしなかったのである。単に私怨、嫉妬だという分析もある。中央では、この薩摩人の同士討ちから長州閥の天下になっただけではなかったのか。

そのような感情のもとになっているのは、また、国を治める理念の違いなのだろうか。大久保が率いる東京の新政府が欧米流の近代化を推進したのに対抗し、鹿児島では西郷の指導理念に基づくとして、士族の私学校一党が独立国のように一県を支配していた。

これは西洋的な政治の理念と東洋的な理想との対立だといってもいい。東洋的といっても、この場合は中国思想が背景にあるのだが、両者を諸子百家の法家と儒家と言い換えることができないか。人治と法治の在り方の違いは、西南の役勃発前の鹿児島と明治国家を比較すれば自明である。西郷の私学校一党では、近代国家は成立し得ないのである。

それでも、今日に至るまで西郷への思慕はやむことがなかった。西郷は武士道の象徴的な存在であるとともに、どこか東洋風の大人というイメージがある。軍国主義が担ぐには理想的な人物だった。そこで、私は池辺三山の月旦を思い出さざるを得ない。

その著『明治維新三大政治家』（中公文庫）には、大久保について「大特性大特色を認めぬわけにはゆかぬ」と論じられている。「一体政治家というものは武人の権力を酷く怖がるものだが、大久保はそうでない。征韓論の破裂は、結局意見の相違が本だと帰納する外はないですから、その衝突は政敵対抗の行為である」。

外遊から帰国した大久保は参議の就任を請われ、征韓論の西郷らに対抗できるのは自分しかいないことを自覚していた。大久保が征韓論に反対の立場をとるといっても、参議の中で他国侵略に異議を唱えていたのは誰もいなかった。立場が異なるのは、この時点での征韓の是非ということであり、明治政府の主導権争いなのである。

しかも、西郷は大使として行くことに、命を捨てる覚悟を固めていた。むしろ、西郷は旧主島津久光や士族らの不平を病身に浴び、死に場所を求めていたという見方もあった。

こうした西郷自身の願望から描いたような流れを変えるため、大久保はついに参議就任を引き受けた。無二の盟友との決別にもつながる決断にあたり、遺書とも見られる書簡が残されている。このとき大久保も、いつか来る非業の死を覚悟していたにちがいない。

それにもかかわらず、太政大臣三條実美、右大臣岩倉具視の裁断は大久保を裏切るものとなり、ただちに辞表を提出した。そして、西郷が朝鮮へ行く事態を想定し、「若し禍端相開き候はば、兵卒とも相成り、一死をもって万分の一死を報じ度き微衷」を示す。

しかし、西郷と大久保の両雄に挟まれた三條実美は心労の余り卒倒してしまった。ここから事態は大逆転の結末へと動く。大久保は伊藤博文らと「只一の秘策」を実行し、岩倉が三条の代理となって征韓論を覆した。ここに薩摩人同士の感情がもつれる直接の原因がある。

だが、池辺は論じている。「軍人、ことに天下随一の人望を持っている大軍人を政敵として、友誼も友情も拋ち、またその上半生の相互の関係歴史も拋ち、その結果、天下を敵とするの恐れあるも憚らず、断然として排斥して、文治内閣を自己中心的に建立して、屹立するというその政治家的骨格の構造のしたたかなことといったらない。大久保は到底政治家として軍人輩の下に立つことは肯んぜない」。

この大久保利通論は明治四十四年の『中央公論』九月号に発表されたものだから、その後の政治家と軍閥の動向について、池辺が知るはずはない。しかし、後世のわれわれが知る昭和の歴史とは、西郷に対抗した大久保のような政治家の役割を誰も果たすことがなかったのである。その結果、昭和の軍人らが明治国家を滅ぼすことになってしまった。

西南の役では田原坂の戦いで消耗した薩軍は、鹿児島で新たな募兵をした。喜多平四郎『征西従軍日誌』には、「壮兵殆ど尽きるに至り、老幼を撰ばずこれを率いて、衝背軍川尻・宇土・八代等の官軍の防衛に当たらしむ」と戦場での伝聞が記されている。

ところが、西郷は激怒したのである。「隆盛これを聞きて怒声放言して曰く、幼若の男子、前途国家に尽くす有らんとするの人、何ぞ一戦争に命を損さしむるを為さんやと。悉くこれを放還帰国せしむと」。西郷にとって、この戦いは「一戦争」であったに過ぎず、「幼若の男子、前途国家に尽くす有らん」という大切なことを忘れていなかった。

軍人が支配する国家とは、国内の不満を自ら受けとめることはなく、外部に敵を求める傾向がある。敵とするには、理性ではなく、憎悪という感情をあおらなければならない。感情であるから、敵の実情を知ることより、粗雑な言葉で相手を決めつけることになる。第二次大戦中の軍国日本では「鬼畜米英」という単純な標語が喧伝されていた。ここには彼我の軍備の質量について検討する余地はない。

西郷や大久保らが育ってきた薩摩藩の郷中教育では、狭い地域でも他の郷中とは敵対して、口をきくことさえ許されなかった。そこでは「議をいうな」と、議論や理性によって物事が決められるものではなく、上位への服従が第一なのである。すなわち、社会、集団の内部には目をつぶり、外部に敵を求めて憎悪の感情を募らせる。これが戦闘集団を維持する方法であって、はるか中世から島津家はそうしてきたのである。

彼らが外敵に対して燃やす憎悪の念も、中世的な呪詛のようなものだったのだろうか。西南の役の翌年、東京の大久保家では利通が倒れたあと、その年の十二月に夫を追うように未亡人満寿子は世を去る。死に至る病床でうなされたのか、「桐野さん」と叫ぶことがあったという。西郷ではなく、桐野の名前が出てくるところが意味深長である。

せめてもの救いは、その二カ月前、あの葬儀から五カ月たった十月十六日に、何も知らない無垢の赤ん坊が別宅で生まれたことである。亡き大久保の九人目の子ども、八男にあたる赤ん坊は利賢と名づけられた。父親の愛情を知ることはない定めだったが、純真で無邪気な笑顔は周囲の心をどんなに和ませ、また大久保家を戸惑わせたことだろう。

※

西郷自身はともかく、その薫陶を受けたはずの、私学校の一党が薩摩武士の最後の輝きだったとしても、やはり考えざるを得ないことがある。その彼らの美学、誇りには、忘れられていることがある。士族を支えてきた農民たちの存在である。

薩摩藩の支配下にあった領民、奄美、琉球に対する搾取は苛斂誅求そのものであった。このような社会の状態は、島津家が中世以来の支配者だったことと関係があるのかもしれない。幕末の薩摩藩が英明な藩主を戴いて近代化に走ったとしても、その支配する社会の構造は、近世を知らぬかのような中世のままだったのではないのか。

西郷は底辺の苦労を知らないはずがなかった。いや、よく知っていたはずである。若いころ、郡方書役助として農村をまわっていた。上司の奉行である迫田太次右衛門利済は、凶作であっても農民を搾りとる藩政に抗議して辞職する。迫田が落書として残した歌を、西郷は生涯忘れることはなかったのだろうか。

虫よ虫よ五ふし草の根を断つな　断たばおのれも供に枯れなん

薩摩武士の死を恐れぬ剽悍さは、武士道の鑑かもしれない。それは死生観の死に関わる潔さなのだが、では、生そのものの潔さを省みることはなかったのだろうか。彼らが口にする糧食は、異常ともいえる薩摩藩の士卒の数の多さから乏しくなるのは当然であり、たとえ各郷で郷士が自耕したとしても、「五ふし草」に取りついた「虫」であったことは間違いないのである。

この「虫」は奄美大島では、吸血虫といっても決して言い過ぎではない。『名瀬市誌』によると、薩摩藩は砂糖の専売で島民を搾りに搾っていた。維新後も、県が「大島商社」をつくって独占状態を維持していた。かつて流された奄美大島で三年を過ごした西郷は、実情をよく知っていた。しかし、新政府の指導的立場にあった西郷は「大島商社」の側に手を貸したのであり、その影響力の行使は住民の立場には及ばなかった。

ところが明治八年、弱冠二十六歳の丸田南里がイギリスから帰郷した。彼は慶応初年に来島したグラバーという英国の商人に誘われ、密航していたのである。相も変わらぬ奄美大島の状態を見て、その不法を島民に訴えはじめた。いかに不当に扱われているかを知った島民たちは、ついに自由な砂糖販売を求めて立ち上がった。これを『市誌』は全島沸騰と表現している。

明治十年一月、名瀬から「勝手世嘆願ねがい」という陳情団が鹿児島に向かった。ところが、第一陣、第二陣の合わせて五十五人は、私学校の一党に投獄されてしまう。陳情は無視されたばかりか、何と奄美大島からやって来た陳情団のうち三十五人は、勃発した西南の役に従軍させられた。わけのわからぬままに六人が戦死し、十四人が行方不明になるという始末であった。

残された陳情団の二十人は、鹿児島に上陸してきた官軍側に尋問を受けたが、事情を説明した。その結果、ようやく陳情書を提出することができた。島民にとっては、新政府にこそ、島の解放の期待をかけることができたのである。彼らの中には私学校を尻目に上京し、大久保利通の奨学資金を得たり、官軍のスパイを引き受けたりした人物もいた。

この前年は薩摩の領民たちにとっても、大きな動きがあった。あまり知られていないことだが、旧薩摩藩四百年の真宗禁制が解かれ、信仰の自由が布達されたのである。

領内の農民たちは八公二民という苛酷な収奪体制下に置かれていただけではなく、人間の精神生活の内面にまで踏み込まれていた。江戸期、幕府は厳しいキリシタン禁制を強いていた。さらに薩摩藩では隣接する相良藩とともに真宗も禁制にしていた。これは念仏停止ともいわれていたが、近年では「かくれキリシタン」の言葉を意識して「かくれ念仏」とも呼ばれ、あらためて注目されるようになっている。

真宗の本山本願寺は門徒たちに「王法為本」と時の権力に従うよう指導していた。ところが、薩摩の農民たちはこの指導にもかかわらず、藩の禁制に逆らって、信仰を保っていたのである。そして彼らは本願寺に対して少なからぬ献金をしていた。幕末、財政改革をしていた薩摩藩はこれを知って、いっそう厳しい弾圧を門徒に加えた。このとき農民の四割を越す約十四万人が摘発され、拷問による殉教者も出している。

明治六年、キリシタン禁制は新政府によって解除されたが、旧薩摩藩の真宗禁制はまだ続いていた。ここにも西南の役以前の鹿児島の特殊性がうかがえるだろう。しかし、時代の波は押し寄せてくる。その三年後、内務卿大久保利通のイニシアチブで解禁の働きかけがなされた。これに対し、鹿児島県は最高指導者西郷隆盛に裁断を仰いだ。西郷はこれを諒とした。明治九年九月五日、ついに四百年の真宗禁制は終わりを告げ、県内に信仰の自由が布達された。やはり、ここでも「西郷と大久保と」なのである。

遅ればせの信仰の自由に、かくれ門徒たちが喜ぶのは早かった。西南の役を翌年に控えて、県内にやって来た僧たちは私学校からスパイではないかと怪しまれ、戦乱の犠牲者も出た。門徒の領民たちがようやく信仰を公にできたのは西南の役が終わって、明治政府の支配下に入ってからのことだった。

現在、西本願寺鹿児島別院では毎年九月五日には特別法要を営んでいる。かつて県内開教の恩人として大久保利通の命日に供養をする僧侶もいた。鹿児島では大久保の遭難の報に赤飯を炊き祝杯をあげたといわれる一方、こんな話も残されていたのである。

鹿児島の歴史を顧みるとき、薩摩武士だけではなく、領内では過半を占めていた農民たちにもっと注目をすべきだろう。家には壁もないほど貧しいといわれた彼らだったが、かくれ門徒たちは集落ごとに講をつくり、近くの山中のガマ(洞窟)で法座を持った。また板三味線ゴッタンを弾き、「おちえ(大津絵)節」を歌うことは念仏を唱えることだったともいう。漁村では沖に舟を出して念仏を唱え、家の柱に阿弥陀像を隠すこともあった。

形骸化した江戸仏教の中にあって、真宗信仰の内実が、かえって禁制下の薩摩藩で命脈を保っていた。どんな状況にあっても、人間を人間たらしめている何かを感じさせる尊い姿がここにある。それは命を懸けるという点では同じであっても、薩摩武士の美学より、さらに根源的な歴史の問いかけがあるように、私は思う。

こうして西南の役を振り返ると、士族たちが依存し、侮辱してきた農民たちが官軍の兵士となり、ついに薩摩武士の根を枯らしたともいえるだろう。西郷はこのことをよくわかっていて、自らが重しとなって、彼らとともに歴史の水底に身を沈めたのではなかったのか。

当時の薩摩士族について、清沢洌『外政家としての大久保利通』(中公文庫)には興味深い観察がされている。明治七年の台湾出兵の都督となったのは、西郷従道だった。彼は出征にあたって、前年に征韓論の一件から鹿児島に帰郷していた兄隆盛を通じて壮兵を募集した。これによって、約三百人の徴収隊が台湾に送り込まれていた。彼ら薩摩の武士たちを、ハウスという米紙の特派員が次のように報告していたという。

「彼等は武名に対する熱心なる希求者であって、機会だにあらば常に第一線に立つことを決意しており、またそうした機会が自然に起らなければ、これを作りあげるのである。彼らを与えられたる一定の行動の規律内に拘束し置くことは不可能であるかに見えた」。

このハウスの観察について、清沢は「彼等が指揮者を離れてドシドシ敵地に入込むさまを画いている。しかしそうした欠点はあるが、不愉快な事態に処して一言も不平をいわない勇気を称している」と補っている。

まさにハウスがそう観察した薩摩士族が、三年後の西南の役で暴発したのではなかったのか。明治十年という政治状況では、いくら西郷が「一定の行動の規律内に拘束し置く」つもりであっても、もはや、どうしようもなかったのである。そこで西郷ができたことといえば、彼らに一身を預けることしかなかった。

※

『征西従軍日誌』の付録には、薩軍に捕らわれて彼らの最後を目撃した官軍兵士の証言が収められている。その中から、城山の西郷洞窟の様子がうかがえるくだりに注目してみたい。「本窟中、屡議論あり。激沸喧噪、西郷は常に席に肱して言わず。時有りて大笑を発し、仰ぐのみ。辺見が如きは頗る不平、時々西郷を睨すという」。西郷はひとり超然としており、その姿を辺見十郎太が睨みつけているというのである。

また、ここには官軍が総攻撃を開始したときの光景も描かれている。それは、これまで薩軍側の証言によって通説となっている西郷の最期とは、あまりにも異なっている。巷間に伝わる別府晋介の介錯ではなく、桐野利秋が異様な行動を見せている。

皆狼狽、窟を出づ。將校轎夫〔かごや〕集まる事あたわず。邊見と別府は嚮に傷つき病體なるをもって、僅かに轎に乘せ出づ。餘は皆徒歩して走る。蓋し皆まさに私學校に往き、會して自決する所あらんとす。しかして官軍繞り接す、彈飛んで雨の如し。學校距離僅かに一丁餘、遂に進む事を得ず。唯見る西鄕徐々、地に跪くの状をなす。桐野劍を抜きて進む。時に天漸く明けんとす。目を注して辨ずべし。從卒地に伏して覘い望む。皆曰う、桐公また例の切り込みをなすかと。乍ち桐野劍一揮、西鄕の首を斬り、從者に命じて隠埋せしむ。衆卒驚愕、相告げて曰く、桐公、先生を斬れりと。皆狂奔、返りて窟に投ず。官軍進んでこれを殲す。

今日まで西郷隆盛の最期は、いったい、どのように伝えられてきたのか。今日もなお、現場で事細かく見聞きしてきたように西郷自刃と記されることがある。そして、別府晋介の介錯説である。これは『西南記伝』が典拠としてあり、本書もこれによって多くを描写しているのだが、同書から同じ場面を引用してみよう。

別府晋介、邊見十郎太、西郷の左右に在りしが。邊見勢急なるを見、西郷に謂て曰く、『最早此處にて可ならん《モーユハゴハンスメーカ》』。西郷曰く、『未だし。未だし。本道に進みて潔よく戰死せんのみ《マダマダホンドーニデテ、ジンジョウニタオレヌト、ホントーデハナイゾ》』と。又行くこと丁餘、四面より集注せる銃丸、驟雨の注ぐに異ならざりき。邊見、又、西郷に迫りしに、西郷又曰く、『未《マダ》だし。未《マダ》だし』と終に進みて島津應吉(熊本に於て戰死せしもの)邸の門前に至りしに、亂弾忽ち西郷の股部と腹部とを傷く。西郷、別府を顧みて曰く、『晋殿《シンドン》、晋殿《シンドン、》、最早此處に斃るゝも可ならん《モー、ココデヨコロー》』と。時に、西郷、傷重くして復た起つこと能はず。徐かに跪坐し、儼然襟を正うして、遥かに雙手を合せ、東天を拝したり。是れ實に禁闕に向て、一片の衷情を表したるなりき。

こうした西郷の死に際についての描写は、この戦闘の生き残りたちの証言が基になっているとの断りがある。ただし、飛び交う弾丸の中にありながら西郷の会話や倒れてからの様子など、これが目撃談か伝聞、伝承なのかという批判検討の逡巡もなく、まだ薄暗い夜明けの情景があまりにも整然と物語のように記述されている。

こうした叙述は前夜の訣別の宴にしても、変わらない。「満座洋々春を生ず、勇将猛士、痛飲淋漓、各其の歓を罄して止みき嗚呼、孤城重圍に陥ゐり、命、旦夕に在り。而して諸将士従容自若、復、死生の事あるを知らざるもの丶如し」といった調子なのである。

この場面は人びとに語られてはいても、肝心の情報源である『西南記伝』について語られることは少ない。すでに見てきたが、西郷は明治二十二年に「朝敵」から「朝臣」へと名誉の回復がなされ、明治三十一年には上野公園に例の銅像が建てられた。そして、明治四十一年から編纂されたのが、同書なのである。

巻頭言は、編纂にあたった黒竜会の内田良平が筆を執っている。黒竜会は大アジア主義を唱え、中国大陸侵略を主張した結社である。主宰者の内田は、時あたかも日韓併合を前にして、征韓論を主張した西郷をかつて朝鮮に出兵した豊臣秀吉とともに担ぎ上げる。

西郷こそ、フランスのナポレオンやアメリカのワシントンらに匹敵する、国民性の花となり実となる英雄なのである。すなわち日清、日露戦役の勝利は西郷の征韓論に淵源を発したものとして、「故に征韓論は西郷南洲の私言に非ずして、国民の昌言なり」「南洲は、国民的精神の権化にして、萬古の英雄なり」という。維新の三傑でも「大久保甲東の如き、木戸松菊の如き、固より當時の經世家ならざるに非ず」の存在でしかない。

その『西南記伝』は史料を幅広く収集しているとはいえ、これがそれまでの西郷伝説の集大成であり、新たな始まりともなった。したがって、他の史料との整合性も含めて史料批判は十分とはいえず、たとえば、先に引用したような西郷の最期は誰が目撃し、証言したのかは明記されず、まるで一部始終を見てきたような描写文になっている。ここからさらに、その記述は多くの小説や読み物によって膨らんできた。こうして後世の西郷像が肥大化し、伝説、信仰となってきたのである。

これまでにも桐野が西郷を狙撃したという目撃談、あるいは斬ったという説がないではなかった。しかし、歴史家から否定的に扱われてきたのは、『西南記伝』には先の引用箇所に続いて、次のような記述があることが根拠となっている。

此日、別府は、猶負傷中なりしを以て、従卒小杉恒右衛門、豊富金右衛門をして輿を担はしめ、西郷に從ひつゝありしが、其言を聞て曰く、『果して然る乎《ソーヂゴハンスカイ》』と。直に輿より下り、西郷に向て曰く、『請ふ我罪を恕せよ《ゴメンナツタモンシ》』と。乃ち起て其首を斬り、西郷の従僕吉左衛門（一本に僕市之助に作る）をして、竊に其首を折田正助の門前に埋めしめ、進みて岩崎口の堡壘に達し、叫で曰く、『先生既に死せり。先生と死を共にするものは、皆來りて死せよ』と。竟に奮戰して、敵彈雨集の中に陣歿したり。

この場面も一貫した手法の描写である。しかし、新たな史料として登場した『征西従軍日誌』が伝える証言には臨場感を感じさせるものがあり、検討に値するだろう。

今日まで余りにも膨らみすぎてしまった西郷像には、こうあってほしいという人々の願望がないまぜになっていやしないだろうか。これは世間にイメージされた西郷像をそのままに、その惜別奏楽を思い入れとともに追ってきた、私自身の自戒でもある。

それにしても、薩摩士族が象徴する武士の誇りとは何だったかを理解しないことには、当時の歴史は他人事になるだろう。幕末の志士たちを動かした「尊王攘夷」とは欧米列強に対する独立を守ろうとした日本人の自尊心であり、いわゆる鎖国から開国となっても、その根は変わらなかった。それは大久保政府であっても、賊軍となった西郷軍でも、明白なことであった。福沢諭吉が国と人民の独立心を説いたのも同じ志なのである。

それを無視して、現在の日本社会の価値観から明治国家の建設を裁くことはできない。ましてや、第二次世界大戦の敗北を踏まえて、明治維新から他国侵略の軍国主義が始まったと断じるのは、明らかに世界史の現実を直視しない観念論である。

幕末から明治にかけて日本に滞在したアーネスト・サトウは『一外交官の見た明治維新(下)』(坂田精一訳、岩波文庫)第二六章で、こんなことを書いていた。

「もしも両刀階級の者をこの日本から追い払うことができたら、この国の人民には服従の習慣があるのであるから、外国人でも日本の統治はさして困難ではなかったろう」「しかし、この国には侍がすこぶる多く存在していたのだから、こうした事は実現不可能であった」。

このサトウの言葉は、第二次世界大戦に敗北した日本の戦後社会を、見事に予見したかのようである。年若い当選したばかりの国会議員が「もし日本が侵略されたら」とテレビで聞かれ、「戦わずに降伏する」という受け答えをして失笑を買ったことさえあった。

これはこれで絶対平和主義の筋が通る話ではあっても、明治国家ではあり得ない考え方である。奴隷の平和ではなく、戦って独立の誇りを守る気概こそ、薩摩士族は滅んでも、明治国家が持ち続けた志だった。それがまた結果的に、昭和になって滅びの道を歩んだことも歴史的な事実である。

彼ら薩摩士族は、郷里の城山で散った。散るにあたって奏された音楽とは、葬送行進曲だったのか、栄誉の曲だったのか。あの大明神山では、他の奏楽の場面と同じように、一曲だけではなく何曲かが演奏されたと見るべきであり、どちらも奏されたと考えることもできる。もちろん、草創期の海軍軍楽隊のレパートリーから絞った推測に過ぎないのだが、いずれにしても西郷という明治維新を象徴する存在の惜別にふさわしい奏楽だったように思う。

※

音楽もまた、人間の感情によって成り立っている。動物の鳴き声は、決して音楽ではない。人間の叫び声も、音楽ではない。人間の声に何らかの法則性を与えて、つまり、理性の作用を加えると音楽になる。こうして音楽は集団、社会で共有されるようになり、そのもとになっている人間の心の動きを互いに伝えることができるのである。

ただし、戦いの音楽はあったとしても、憎悪の音楽だけは聞いたことがない。音楽それ自体は人の心に働きかけて、怒りの表現はあっても長続きせず、ともに喜び、愛しみ、哀しむのである。戦いの音楽も目指すところは、相手に対して味方の心を一つにするものであり、憎しみをかきたてることはない。憎しみとはもともと音楽には存在しないのであり、言葉がつくり出す感情ではないのだろうか。

たとえば、西南の役、紀尾井町の事件の記憶がまだ新しい明治十八年ごろの流行歌に、「日清談判破裂して」がある。この歌詞の中に〈西郷死すのも彼が為、大久保殺すも彼が為、遺恨重なるチヤンチヤン坊主〉と、西郷と大久保の名前が並んでいる。

ここでも憎しみは言葉であって、あの西郷と大久保の二人の争いを超えて、新たな敵となるのは国外の清国である。そして、この歌の文句を取り去ると、はたして、節自体には憎しみの感情は残っているだろうか。

本書で取り上げた音楽は歌詞しか紹介できなかったが、ほとんどは実際に録音で聴くことができる。そうした音楽を聴くと、さまざまな情景が浮かんでくる。「思い出の音楽」という言葉を、世間ではよくいう。思い出のない音楽はないのか、音楽が思い出をつくるのか、それはわからない。

思い出という言葉は、何らかの情景が脳裏に浮かぶことだろう。そして、音楽を聴くということは、必ずしも人間の聴覚だけに作用するものではないようだ。何かしらの視覚がともなうことは、現代の心理学でも指摘されていることである。

そこで、以下は余談になる。大きな体の西郷は武術は得意ではなかったけれども、相撲が大好きだった。そんなこともあって、つい連想してしまうのは相撲取りのことである。現代の相撲取りの中で、第六七代横綱の武蔵丸は、日本人がイメージする西郷さんに大変よく似ている。武蔵丸本人も、上野公園の銅像を見て「似てるな」と思ったというから、自他ともに認めるとはこのことなのだろう。

当時の日本人の平均的な体格からすれば、彼らが西郷に感じた大きさとは、現代のわれわれが、武蔵丸を仰ぎ見るような大きさが実感だったのかもしれない。

鹿児島県はこれまで、横綱朝潮、大関若島津などの名力士を生んできた。しかし、西郷を思わせる風貌、体形ではない。武蔵丸は鹿児島出身ではなく、ハワイの出身ではあっても、鹿児島には「薩摩武蔵丸会」という後援会がある。これもまた、顔がよく似ているという親近感にちがいなく、西郷さんが結ぶ縁なのである。

これまでの日本史を担ってきた日本人は、多くの民族がそうであるように雑種である。歴史の舞台である日本列島に住む人びとには、周辺の地域から多くの血が混ざっているのであり、西郷と武蔵丸は、そんなことを思わせてくれるではないか。

かといって、ハワイ出身の力士が皆が皆、西郷に似ているかといえば、そんなわけではない。

この二人には、他人の空似という以上のものがあるにちがいない。

武蔵丸は強い力士だから、横綱になった。優勝回数が十二回という名力士である。大相撲の優勝力士には、千秋楽の土俵で賜杯を授与される。そして、このとき奏される音楽はヘンデルの「見よ、勇者は帰る」なのである。

この顔に、あの音楽――。武蔵丸は何回も優勝をしていた。現実にテレビで中継される武蔵丸の姿をみるにつれ、遠い月夜の城山の西郷に思いをはせるのは、はたして考え過ぎなのだろうか。表彰式の演奏をするブラスバンドは場所ごとに交替しており、毎年九月に東京・両国の国技館で開催される秋場所では、海上自衛隊の東京音楽隊が受け持つ。いまは昔のことながら、西南の役で城山の西郷隆盛に向けて惜別奏楽をしたのは、海軍の軍楽隊であった。東京音楽隊は、その伝統を受け継いでいる。

私は知らなかった。これもまた偶然なのかどうか。歴史の一場面を再現したかのような、いや、垣間見るような光景が、現代のわれわれの前に展開されていたのである。

《主な参考文献》

旧海軍省編『西南征討志』一八八五年（青潮社復刻、一九八七年）
黒竜会編『西南記伝　上中下』一九〇九―一九一一年（原書房復刻、一九六九年）
参謀本部陸軍部『征西戰記稿　下巻』一八八七年（青潮社復刻、一九八七年）
陸上自衛隊北熊本修親会編『新編西南戦史』陸上自衛隊北熊本修親会発行、一九六二年
川崎三郎『増訂西南戦史』博文館、一九〇〇年
公爵島津家編輯所編『薩藩海軍史　下巻』薩藩海軍史刊行會、一九二九年
喜多平四郎『征西従軍日誌　一巡査の西南戦争』佐々木克監修、講談社学術文庫、二〇〇一年
山田済齊編『西郷南洲遺訓』岩波文庫、一九三九年
福沢諭吉『丁丑公論　瘠我慢の説』（著作集第9巻）慶應義塾大学出版会、二〇〇二年
日本史籍協會編『西郷隆盛文書』東京大学出版会、一九二三年（一九六七年復刻）

日本史籍協會編『大久保利通文書　九』東京大学出版会、一九二四年（一九六九年復刻）
『新體詩抄　初編』丸屋善七版、一八八二年（日本近代文学館名著復刻、一九八一年復刻）
篠原宏『海軍創設史　イギリス軍事顧問団の影』リブロポート、一九八六年
遠矢浩規『利通暗殺　紀尾井町事件の基礎的研究』行人社、一九八六年
ブラック、ねずまさし、小池晴子訳『ヤング・ジャパン』第三巻、平凡社東洋文庫、一九七〇年
エドワード・S・モース、石川欣一訳『日本その日その日』平凡社東洋文庫、一九七〇―一年
アーネスト・サトウ『一外交官の見た明治維新　上下』坂田精一訳、岩波文庫、一九六六年
鈴木孝一編『ニュースで追う明治日本発掘２』河出書房新社、一九九四年
皆村武一『「ザ・タイムズ」にみる幕末維新』中公新書、一九九八年
日蘭四百周年記念展覧会図録『出島の科学』同実行委員会、二〇〇〇年
徳富蘇峰『近世日本国民史　明治三傑』講談社学術文庫、一九八一年
徳富蘇峰『近世日本国民史　西南の役』講談社学術文庫、一九八〇年
徳富猪一郎『大久保甲東先生』民友社、一九二七年
池辺三山『明治維新三大政治家』中公文庫、一九七五年

清沢洌『外政家としての大久保利通』中公文庫、一九九三年
三宅雪嶺『同時代史　第一巻』岩波書店、一九四九年
三宅雪嶺『同時代史　第二巻』岩波書店、一九五〇年
圭室諦成『西郷隆盛』岩波新書、一九六〇年
圭室諦成『西南戦争』至文堂、一九六六年
井上清『西郷隆盛　上・下』中公新書、一九七〇年
山下郁夫『研究　西南の役』三一書房、一九七七年
猪飼隆明『西郷隆盛―西南戦争の道―』岩波新書、一九九二年
名瀬市誌編纂委員会『名瀬市誌　上巻』名瀬市役所、一九六八年
江藤淳『南洲残影』文芸春秋、一九九八年
佐々木克『大久保利通と明治維新』吉川弘文館、一九九八年
佐々木克『志士と官僚』講談社学術文庫、二〇〇〇年
毛利敏彦『大久保利通』中公新書、一九六九年
毛利敏彦『明治維新の再発見』吉川弘文館、一九九三年
佐藤誠三郎「大久保利通」（神島二郎編『権力の思想』所収）筑摩書房、一九六五年

勝田政治『〈政事家〉大久保利通』講談社、二〇〇三年
芳即正、毛利敏彦『図説西郷隆盛と大久保利通』河出書房新社、一九九〇年
有馬成甫『高島秋帆』吉川弘文館、一九五八年
『高島秋帆　西洋砲術家の生涯と徳丸原』板橋区立郷土資料館、一九九四年
松本三之介『明治思想史　近代国家の創設から個の覚醒まで』新曜社、一九九六年
『従軍記者　日本戦争外史』全日本新聞連盟、一九六六年
E・H・ノーマン『日本の兵士と農民』大窪愿二訳、岩波書店、一九五八年
重久篤太郎『お雇い外国人⑩地方文化』鹿島出版会、一九七六年
三浦俊三郎『本邦洋楽変遷史』一九三一年（大空社復刻、一九九一年）
新交響楽団機関誌「フィルハーモニー」第十一巻第三号、新交響楽団、一九三七年
堀内敬三『音樂五十年史』鱒書房、一九四二年
堀内敬三『日本の軍歌』実業之日本社、一九六九年
遠藤宏『明治音楽史考』有朋舎、一九四八年
中村理平『洋楽導入者の軌跡―日本近代洋楽史序説―』刀水書房、一九九三年
塚原康子『十九世紀の日本における西洋音楽の受容』多賀出版、一九九三年

中村洪介『近代日本洋学史序説』（林淑姫監修）東京書籍、二〇〇三年
山口常光『陸軍軍楽隊史―吹奏楽物語り―』三青社、一九七三年（改訂版）
楽水会編『海軍軍楽隊―日本洋楽史の原典―』国書刊行会、一九八四年
音楽之友社編『新版吹奏楽講座第7巻　吹奏楽の編成と歴史』音楽之友社、一九八三年
島津正編『薩摩琵琶の真髄――西幸吉の秘録とその解題』ぺりかん社、一九九三年
大森盛太郎『日本の洋楽1』新門出版社、一九八六年
大森盛太郎『日本の洋楽2』新門出版社、一九八七年
秋山龍英編『日本の洋楽史』第一法規、一九六六年
小田切信夫『国歌君が代講話』共益商社、一九二九年（大空社、一九九一年復刻）
團伊玖磨『私の日本音楽史　異文化との出会い』日本放送出版協会、一九九九年
團伊玖磨・小泉文夫『日本音楽の再発見』講談社現代新書、一九七一年
谷村政次郎「『海軍軍歌』と『海軍儀制曲』」（季刊「軍事史学」通算第七六号）原書房、一九八四年
谷村政次郎『行進曲「軍艦」百年の航跡』大村書店、二〇〇〇年
横田庄一郎『キリシタンと西洋音楽』朔北社、二〇〇〇年
笠原潔『黒船来航と音楽』吉川弘文館、二〇〇一年

堀雅昭『戦争歌が映す近代』葦書房、二〇〇一年
武智鉄二『伝統と断絶』風濤社、一九六九年
河野亮仙「舞踊と武術」（野村雅一他編『身ぶりと音楽』所収）東京書籍、一九九〇年
野村雅一『身ぶりとしぐさの人類学』中公新書、一九九一年
新井政美「トルコ行進曲とトルコ軍楽」（『みすず』通巻四八一号）みすず書房、二〇〇一年
藤井哲博『長崎海軍伝習所』中公新書、一九九一年
土居良三『軍艦奉行木村摂津守』中公新書、一九九四年
中内敏夫『軍国美談と教科書』岩波新書、一九八八年
木下順二『ぜんぶ馬の話』文藝春秋、一九八四年
町田嘉章、浅野建二編『わらべうた』岩波文庫、一九六二年
三原宏文『阿波おどり実記』徳島・三原武雄、一九七六年
藤等影『薩藩と真宗』興教書院、一九一六年
星野元貞『薩摩のかくれ門徒　改訂版』著作社、一九九四年
かくれ念仏研究会編『薩摩のかくれ念仏—その光りと影』法蔵館、二〇〇一年

《主な参考音源》

『明治・大正の軍歌』軍歌戦時歌謡大全集（一）、日本コロンビアCOCA—一二四五一
『海軍軍楽隊の遺産』軍歌戦時歌謡大全集（十四）、日本コロンビアCOCA—一二四六四
『陸軍軍楽隊の遺産』軍歌戦時歌謡大全集（十三）、日本コロンビアCOCA—一二四六三
『海上自衛隊』防衛庁海上幕僚監部広報室、CCRSP—一七CK
『日本の信号ラッパ』日本クラウンCRCI—二〇一八四
『草原の叙事詩　モンゴルの「ジャンガル物語」』キング・レコードKICC一九三六
『アメリカン・ブラスバンド・ジャーナル』CBSソニー、25AC　65
『トルコの軍楽—オスマンの響き』キング・レコードKICW一〇〇一
『普門義則』薩摩琵琶・普門義則、エス・ツウD五〇EM〇三一〇七
『楽器玉手箱』キング・レコードKICH二〇三〇

横田 庄一郎

1947年生まれ。朝日新聞記者。早稲田大学大学院政治学研究科修士課程修了。著書に『「草枕」変奏曲　夏目漱石とグレン・グールド』、『キリシタンと西洋音楽』(ミュージック・ペンクラブ賞受賞)、『フルトヴェングラー　幻の東京公演』、『第九「初めて」物語』(以上、朔北社)、『チェロと宮沢賢治　ゴーシュ余聞』(音楽之友社)、『タクトと絵筆 指揮者石丸寛 最後の対話』(芸術現代社)など。

西郷隆盛《さいごうたかもり》 惜別譜《せきべつふ》

二〇〇四年三月三一日　第一刷発行©

著　者　横田《よこた》 庄一郎《しょういちろう》

装　幀　Harilon design

発行者　宮本 功

発行所　株式会社　朔北社《さくほくしゃ》

〒一〇一-〇〇六五

東京都千代田区西神田二-四-一 東方学会本館三一号室

TEL〇三-三二六三-〇一二二

FAX〇三-三二六三-〇一五六

振替〇〇一四〇-四-五六七三一六

http://www.sakuhokusha.co.jp

印刷・製本　株式会社誠晃印刷

落丁・乱丁はお取りかえします

ISBN4-86085-015-7 C0021